KB269182

한울열린문고 1

누가 표현의 자유를 억압하는가

김호석 지음

누가 표현의 자유를 억압하는가

한울열린문고 시리즈를 펴내며

우리 현실의 다양하고 다면적인 인식을 위하여

20세기의 마지막 10여 년은 물리적 시간이 가져올 수 있는 것 이상의 많은 변화를 가져왔습니다. 그 10년을 거칠게 구분하면 물질문명의 측면에서는 『제3의 물결』(앨빈 토플러)을 지나 『미래로 가는 길』(빌 게이츠)로, 정치사회의 측면에서는 『좌파와 우파를 넘어서』, 『제3의 길』(앤소니 기든스)로 치닫는, 이전과는 다른 '길'을 찾아 끊임없이 모색해가는 과정이지 않았나 싶습니다.

세계적인 추세는 물론 우리 사정도 크게 다르지 않은 것 같습니다. 그러나 10년을 보내도, 아니 한 세기를 보내도 변하지 않는 것은 분명히 있습니다. 끊임없이 점검해야 하는 현재, 그리고 이와 절대로 분리할 수 없는 우리의 정체성(identity)에 대한 문제제기와 해결 과제가 그것입니다. 이전의 한울 '열린글' 시리즈를 복원하여 '한울열린문고'로 다시 펴내고자 하는 취지가 여기에 있습니다.

1984년부터 시작하여 1991년 마지막 권을 출간했던 '열린글'은 학문적 정보 전달의 신속성을 극대화할 수 있는 출판매체의 필요성에서 출발하여 조그만 팜플렛 문고로 시작했으며, 단행본의 무거움을 덜어내고 당시의 첨예한 주제들을 진보적인 시각에서 적절히 담아내어 더 많은 독자들에게 제공하고자 한 취지를 살려 연구논문들을 문고형식으로 출간해낸 사실상의 첫 시도였습니다.

출간이 중단된 이유는 많았습니다. 동구 사회주의권의 붕괴, 이것이 우리의 사회정치적 분위기와 맞물려 '대책 없이 비관적'이기만 했던 전망들이 일시에 '근거 없이 낙관적'인 국면으로 변하는 경험들 속에서 우리 모두는 참으로 당혹스러워했습니다.

이러한 정치상의 반영은 때맞추어 일기 시작한 뉴미디어의 폭증과 더불어 정보혁명을 가속화시켰고, 출판·편집인들은 비주얼 시대에 대응하는 '읽히기보다는 보이기 위한' 책을 만들어야 한다는 사명감(?)에 시달리면서도 그에 매달렸습니다. '열린글'의 입지가 좁아진 것은 당연한 일이었는지도 모르겠습니다.

새 천년을 맞이한 시점에서 '한울열린문고'로 시리즈를 시작하는 것은 내용과 형식을 보강하여 '열린글'이 처음 의도했던 목적을 충분히 담아내고자 함입니다. 우선은 이제까지 출간되었던 시리즈의 일부를 되살려 출간한 뒤 그 다음에는 각 저널이나 단행본에 묶여 있는 논문들을 찾아내서 '한울열린문고'의 독자적인 성격을 부여하고자 합니다. 물론 새로운 번역이나 집필도 병행할 것입니다. 굳이 틀에 맞추기보다는, 고전에서부터 현대까지 자유롭게 넘나들 작정입니다.

모두들 앞만 보고 나아가고 있는 이 시점에도 그냥 '이 길'에 머물러 있을 수밖에 없는 데 대해 우리 나름의 확신은 있습니다. 현재의 문제의식이 담기지 않은 유토피아란 공허할 뿐입니다. 그래서 우리의 발전적 지향을 무작정 그곳에서 찾을 수는 없습니다. '한울열린문고' 시리즈에 대한 독자 여러분의 변함없는 관심과 지속적인 성원을 기대합니다.

도서출판 한울 편집부

인간이 만들어낸 최악의 사회적 산물이 전쟁이라면 인간을 인간답게 만드는 최선의 사회적 행위는 인간이 자신의 생각과 욕구를 자유롭게 표현하는 일을 보장하는 것이다. 전쟁이 인간의 탐욕과 권력욕을 가장 극명하게 드러내는 반인간적인 행위라면 인간이 무엇인가를 자유롭게 표현하는 일은 인간 스스로가 자유로운 존재라는 사실을 소박하면서도 분명하게 드러내는 행위이기 때문이다. 따라서 표현의 자유를 극대화하려는 노력은 가장 인간적이고 아름다운 인간의 행위라고 할 수 있다.

해방 이후 표현의 자유는 한국 사회의 민주주의를 위해 이룩해내야 할 가장 절실하고 소중한 사회적 과제로 남아 있었다. 이승만부터 박정희, 전두환으로 이어지는 독재정권의 압제는 자유롭게 말할 수 있는 시민들의 권리를 빼앗아

갔기 때문이다. 당시의 현실은 단적으로 김지하의 <타는
목마름으로>라는 시에 잘 녹아 있다.

신새벽 뒷골목에/ 네 이름을 쓴다 민주주의여/
내 머리는 너를 잊은 지 오래/
내 발길은 너를 잊은 지 너무도 너무도 오래/
오직 한가닥 있어/ 타는 가슴 속 목마름의 기억이/
네 이름을 남 몰래 쓴다 민주주의여/

아직 동 트지 않은 뒷골목의 어딘가/
발자욱 소리 호르락 소리 문 두드리는 소리/
외마디 길고 긴 누군가의 비명소리/
신음소리 통곡소리 탄식소리 그 속에 내 가슴팍 속에/
깊이 깊이 새겨지는 네 이름 위에/
네 이름의 외로운 눈부심위에/
살아오는 삶의 아픔/ 살아오는 저 푸르른 자유의 추억/
되살아오는 끌려가던 벗들의 피묻은 얼굴/
떨리는 손 떨리는 가슴/
떨리는 치떨리는 노여움으로 나무판자에/
백묵으로 서툰 솜씨로/ 쓴다/

숨죽여 흐느끼며/ 네 이름을 남 몰래 쓴다/
타는 목마름으로/ 타는 목마름으로/
민주주의여 만세/

김지하가 목숨걸고 이 시를 작시한 박정희 정권의 시기

는 '민주주의여 만세'라는 구절을 타는 목마름으로 남몰래 써야 할 정도로 표현의 자유를 억압하던 시절이었다. 인간으로서 가장 존중해야 할 가치를 가장 치욕적으로 유린하던 자가 박정희라는 독재자였다.

그런데 최근 일부 극우언론이나 어느 소설가가 이 독재자를 미화하고 우상화하는 어리석은 작태를 보이고 있다. 언론사의 기자나 작가와 같은 지식인의 존재와 정체성을 대변하는 것이 '표현의 자유'라는 가치임에도 불구하고 그들은 그 가치를 유린한 사람을 우상화하고 있는 것이다. 한마디로 이들은 지성을 논하기조차 부끄러운 '사악한 지성들'이라고 하겠다.

나는 <타는 목마름으로>라는 시를 노래로 부르며 대학을 보냈다. '광주학살의 주범은 전두환이다'라는 아주 간단한 내용의 표현물을 사람들에게 나누어주면 곧바로 경찰에 잡혀가는 암울한 시기에 나는 거리에서 술집에서 그리고 집회에서 타는 목마름으로 그 노래를 부르며 살아갔다. 그 시절 동안 '표현의 자유가 얼마나 소중하고 절실한가'를 가슴 속 깊이 새긴 일은 그 와중에 하나의 성과라면 성과였다.

그리고 나는 지금 표현의 자유라는 주제로 글을 쓰게 되었다. 당시에 가슴 깊이 새겼던 분노와 울분을 다시금 회상하려고 하니 그때와는 많이 변화된 요즘의 세태가 다소 어색하게 느껴졌다. 그러나 이처럼 좋은 주제로 한 권의 책을 쓰게 될 다시 없는 기회가 나에게도 왔다는 즐거움으로 그 어색함을 지웠다.

이 책은 사실, 세상의 빛을 보기 어려운 글이었다. '표현의 자유'라는 주제로 글을 쓰겠다는 계획이 전혀 없었으나 우연히 1999년 여름 한국 언론 전반을 분석하는 프로젝트에 참여하다가 표현의 자유의 역사와 원리를 정리하게 되었고, 그러한 와중에 '서갑숙'과 '거짓말' 사건을 목격하며 자극받아 쓴 글이 이 책이기 때문이다. 그래서 개인적으로는 1980년대에 가슴 깊이 고이 간직한 문제의식이 우연성을 가장해 운명적으로 나왔다는 어리석은 해석을 해보기도 한다.

이 책은 '서갑숙'과 '거짓말' 사건이라는 사회적 이슈에 자극받아 쓴 글이다. 1992년 『즐거운 사라』로 마광수가 구속된 이래 소설, 영화, 연극, 에세이, 잡지물 등이 끊임없이 법정으로 비화되었고 나는 그러한 일련의 사건들을 지켜보며 '표현의 자유'라는 이념에 대한 사회적 인식을 높여야겠다고 생각하였다. 그래야만 지금까지도 계속되고 있고 언제까지 지속될지도 모를 이러한 억압이 발생되지 않을 것이라고 판단하였다. 그리고 나는 대중적인 글쓰기 방식을 채택하였다. 좋은 주제여서 학술적으로 쓰고 싶은 마음이 간절했으나 표현의 자유를 억압하는 사건이 끊임없이 발생하는 현실이 너무 안타까운 데다가 밀턴(John Milton)의 '아레오파지티카(Areopagitica)’ 또한 학술적인 글이 아니었다는 점에 고무되어 대중적인 글쓰기를 시도했다. 그러나 대중적인 글을 써본 적이 없고, 동시에 대중적인 글이 어떠해야 하는가에 대해 정확하게 알지 못하기에 전반적으로 학술적인 냄새를 완전하게 제거하지 못한 일이 마음에 걸린다. 이 점, 독자들이 감안하여 읽어주기를 바란다.

독자들에게 한가지 밝혀야 할 점이 있다면 1990년대 들어 표현의 자유와 관련된 문제작들, 예컨대 마광수의 『즐거운 사라』와 장정일의 『내게 거짓말을 해봐』, 서갑숙의 『나도 때론 포르노그라피의 주인공이고 싶다』, 영화 <거짓말>, 연극 <미란다> 등을 정독하거나 감상한 적이 없다는 사실이다. 나는 단지 언론 지상에서 언급되고 논의된 쟁점과 내용만을 기억하고 있을 뿐이다.

당연히 문제작들을 정밀하게 읽고 감상하며 논의를 전개했어야 함에도 불구하고 그렇게 하지 않은 이유는 이 책의 분석대상이 문제작들로 인해 야기된 사회적 논란이기 때문이다. 또한 ‘포르노도 하나의 사회적 표현으로 인정받아야 한다’라는 논지로 책을 쓰고 있기 때문에 문제작들이 성적 표현을 어느 정도 전개하고 있는지를 굳이 알 필요가 없었다. 문제작들은 적어도 포르노보다는 성적 표현의 정도가 낮을 테니까 말이다.

또한 이 글의 초점이 표현의 자유와 관련된 사회적 논란이므로 신문기사나 칼럼 등을 자주 인용하였다. 인용의 방법을 적극적으로 활용한 이유는 문제작들이 나왔을 당시의 상황과 논점을 이해하는 데 가장 적합하다고 생각했기 때문이다. 언론이 주요한 사회적 이슈들을 토론하는 공론장의 성격을 갖는다는 점을 감안한다면 이는 매우 당연한 사고라고 할 수 있다.

아무쪼록 이 글이 한국 사회에서 표현의 자유에 대한 논쟁을 유발하고, 표현의 자유를 극대화하는 데 일조를 한다면 더 이상 바랄 게 없다. 이 책에서 주장한 음란물 관련 형법 조항과 함께 표현의 자유를 억압하는 국가보안법의 해당 조항도 이 기회에 완전히 역사에서 사라졌으면 하는 마음이다.

마지막으로 이 책의 탄생을 누구보다도 반겨주며 투박한 원고를 성실하게 교정을 봐준 도서출판 한울 편집부에 감사드린다.

2002. 5
지은이 김호석

차례

제1장 문제제기

"한국 사회는 표현의 자유를
보장하고 있는가?"

제1장 문제제기

"한국 사회는 표현의 자유를
보장하고 있는가?"

1. '서갑숙'과 '거짓말' 사건: 끝나지 않은 문제

20세기를 마감하고 21세기에 진입하는 시기에, 우리는 표현의 자유와 관련된 두 가지 사건을 경험하였다. 하나는 중견의 여성 탤런트가 자신의 성적 체험을 표현하여 사회적 논란을 불러일으킨 소위 '서갑숙 사건'이고, 또 다른 하나는 예술가와 고등학생의 가학적 성행위를 영상으로 표현한 '거짓말 사건'이다.

'서갑숙 사건'은 30대 후반의 연기자인 서갑숙이 자전적 에세이인 『나도 때론 포르노그라피의 주인공이고 싶다』라는 책을 발간한 후 그 책이 상업적으로 성공하고, 언론의 주목을 받으며 시발되었다. 언론의 주목을 받은 이유는 여성간의 동성애나 한 남자와 두 여자의 혼음, 그리고 오르가즘을 느끼기 위한 성 능력의 학습 등 다분히 일반인의 호기심을 끌 만한 선정적인 내용 때문이었다. 더욱이 저자가 이혼한 여성이자 탤런트라는 사실은 언론이 부각시킬 만한, 상품적 가치가 대단히 높은 기삿거리였다고 할 수 있다. 이는 다음과 같은 일간지의 책 서평(book review)을 보면 쉽게 알 수 있는 사안이다.

출판가가 난리다. 충격적 신간 탓이다. 저자는 조연급이지만 탤런트 서갑숙이고, 책의 내용이 저자의 성체험을 적나라하게 드러낸 자전적 에세이이기 때문이다. 『나도 때론 포르노그라피의 주인공이고 싶다』라는 책은 서점가에 깔린 지 3일만에 재판에 돌입했고, 책은 장안의 화제로 급부상했다.

그러나 이 책을 리뷰의 대상으로 선정한 이유는 이런 데 있지 않다. 이유는 다른 데 있다. 책은 저자 자신의 성과 섹스를 온전히 드러냄으로써 우리 사회 성담론(性談論)의 공론화에 불을 당기고자 시도한다. 저자가 입맛 까다로운 대중의 인기를 먹고 사는 탤런트라는 점도 특기할 만하다. 문제제기의 방식 또한 남성성과 여성성, 섹슈얼리티와 페미니즘 등의 개념어가 난무하는 기존의 추상적 성담론과는 확연히 차별화된다. '거짓 없는 고백'을 통해 사랑· 섹스· 삶의 문제에 관한 일반대중과의 대화를 지향한다는 의미에서 기존의 논의와 구별된다. 그렇다고 픽션이 주가 되는 마광수 교수의 야한 소설 쓰기와 같지 않고, 본인의 의사와 상관없이 세상에 노출되고 회화화됐던 오현경의 '섹스 비디오'와도 거리가 있다(중략).

　서갑숙이 보낸 젊은 날의 순탄치 않은 인생노트는 사랑과 섹스의 체험사에도 고스란히 투영된다. 고교시절이면 흔히들 한번쯤 겪곤 하는 짝사랑에서 시작하지만, 이내 곧 대학에 들어가면서 일탈적 성(性)의 곡예로 빠져든다. 버려진 처녀성, 강간, 사랑과 헤어짐의 반복, 그리고 동성애의 경험, 사랑의 공유를 시험하기 위해 한 남자와 두 여성이 함께 나눈 섹스 이야기 등 마디마디가 예사롭지 않다(≪문화일보≫ 1999.10.20).

　책 서평이 보여주듯이 서갑숙의 책은 사회적 논란을 유발시킬 소지를 충분하게 가지고 있었고, 그에 따라 언론은 성 문제를 파격적으로 다룬 문화상품이 나오면 언제나 그랬듯이 도덕론에 기초하여 비판하거나 '성 해방'의 관점에서 시대적 조류의 한 현상으로 평가하였다. 그리고 '도덕'과 '성 해방'이라는 화해할 수 없는 논리가 충돌하는 외중에 서갑숙에 대한 인터뷰 기사가 넘쳐흘렀고, 급기야는 도덕과 윤리에 대한 최후의 보루처럼 자처하고 있는 검찰의 내사가 착수되었다. '음란성'이라는, 전가의 보도(傳家의 寶刀)처럼 쓰이고 있지만 사실상 자의적이기 십상인 판결 기준을 가지고서 말이다.

　검찰의 내사는 곧 바로 표현의 자유에 대한 논의를 유발시켰다. 특정한 개인이 자신의 성 체험을 글로 표현했다고 해서 국가의 권력기관인 검찰이 개입하는 일은 헌법이 보장하고 있는 '표현의 자유'를 침해한다고 해석될 여지가 많았기 때문이다. 게다가 검찰의 판단근거인 음란성이란 고정불변의 가치체계라기보다는 사회변화에 따라 적용의 폭을 점차 제약받는 상대적인 기준이므로 검찰은 표현의 자유라는 확장일로의 가치체계를 통제하기에는 논리적인 빈약함을 갖고 있었다. 그리고 언론은, 비록 검찰의 빈약한 논리를 추종하고 있는 일부 언론이 없었던 바가 아니지만 표현의 자유를 적극 옹호하고 '사회와 문화계의 자율기능에 맡겨야 한다'는 논리로 검찰의 행태를 비판하였다.

1990년대 중반 마광수의 『즐거운 사라』와 장정일의 『내게 거짓말을 해봐』를 문학작품이 아니라 음란물로 규정하고 사법 처리했던 검찰은 과거와는 달리 언론의 비판에 직면하자 내사를 종결하였다. 검찰의 내사 종결을 야기한 주요인이 언론의 비판인지, 아니면 성 문제에 보다 관대해진 사회 분위기 탓인지, 또 아니면 검찰이 음란성보다는 표현의 자유를 보다 중요한 가치로 판단해서인지 그 이유를 정확하게 알기 어렵지만 어떻든 간에 검찰은 사법부의 심판보다는 일반 시민의 자율적 정화 기능을 존중하는 합리적인 선택을 하였다. 당시의 언론은 검찰의 선택을 다음과 같이 보도하였다.

텔런트 서갑숙씨의 성체험 고백서 『나도 때론 포르노그라피의 주인공이고 싶다』는 법적으로 문제삼을 만한 '음란성'이 없는 것으로 결론났다. 서울지검 형사3부는 27일 "부분적으

로 성행위와 관련, 적나라한 표현이 있기는 하지만 수사할 만
한 사안이 아니다"라고 결론짓고 사실상 내사를 종결했다. 검
찰의 한 관계자는 "이 책에 대한 문화계와 네티즌의 반응은
'음란성에 대한 판단을 문화계의 자율기능에 맡겨야 한다는
것'이 주류였으며 간행물윤리위의 결정대로라면 일반 성인이
구독하는 데는 문제될 것이 없다고 본다"고 말했다. 이에 앞
서 한국간행물윤리위원회는 26일 서씨 고백서에 대해 청소년
유해간행물로 결정했다(≪세계일보≫ 1999.10.28).

신문기사의 내용이 사실이라면 검찰은 문화계와 네티즌
의 여론에 따라 사법 처리를 포기하였고, '서갑숙 사건'은
청소년을 보호한다는 차원에서 그 책을 청소년 유해간행물
로 규정하며 종결되었다. 이는 책의 내용을 이성적으로 판
단할 수 있고 자신의 삶을 전적으로 책임질 수 있는 성인에
한하여 책의 판매를 허용하는 방법으로 문제를 해결한 것이
라고 할 수 있다. 그리고 마광수와 장정일의 사례와는 달리
표현의 자유가 일정 정도 지켜질 수 있었다는 점을 감안하
면 이 사건은 한국의 역사에서 상당한 의미를 부여할 만한
사건이라고 해도 과언이 아니다.

그러나 2000년, 좀더 상징적으로 표현한다면 새로운 천
년과 세기를 막 시작하는 시점에 표현의 자유를 또다시 억
압할 수 있는 '거짓말 사건'이 발생하였다. 영화 <거짓말>
은 1999년 말에 영상물등급위원회의 등급보류 판정을 받고
영화관 상영을 못하다가 베를린 영화제 본선까지 진출하며

해외 영화계의 주목을 받은 후 일부 장면을 삭제하는 선에서 '18세 이상 관람가' 등급을 받았다. 그런데 '음란폭력성조장매체대책시민협의회'라는 다소 긴 명칭을 가진 시민단체가 <거짓말>을 음란물이라고 검찰에 고발함에 따라 이 영화는 사법적 판결에 놓이는 운명에 처하게 되었다. 언론은 당시의 상황을 다음과 같이 기술하고 있다.

> 지난해 10월 탤런트 서갑숙씨의 성체험 고백서 『나도 때론 포르노그라피의 주인공이고 싶다』에 이어 영화 <거짓말>이 외설 시비에 휘말려 사법적 제재의 도마에 올랐다. 서울지검(검사장 任彙潤)은 6일 음란폭력성조장매체대책시민협의회(음대협·공동대표 孫鳳鎬)가 방화 <거짓말>을 제작한 영화감독 장선우씨와 제작사인 신씨네 대표 신철씨, 단성사 등 전국 100여 개 상영관을 음란물 제작배포 혐의로 고발해 옴에 따라 이 사건을 형사3부에 배당하고 본격적인 수사에 나섰다(중략).
>
> 음란문서 및 음화제조 혐의로 징역 6월에 집행유예 1년을 선고받은 장정일씨의 소설 『내게 거짓말을 해봐』를 영화화한 <거짓말>은 미성년자가 30대 유부남과의 가학·피학적인 성도착 및 변태 등 비정상적인 애정행각을 통해 성에 눈을 뜨면서 사랑을 찾아간다는 줄거리를 담고 있다. 음대협은 고소장에서 "거짓말은 원작 소설이 음란물 판결을 받았던 데다 70% 이상이 성도착 및 변태적 성행위 내용으로 돼 있어 공개적으로 상영될 경우 심각한 성의식 왜곡 등 부작용을 일으킬 수 있다"고 주장했다. 음대협은 다음주 중 영화 <거짓말>의 상영중지가처분신청을 법원에 제출하는 한편, 영화시민단

체와 연대하여 관람거부운동을 벌일 계획이다(≪대한매일≫
2000.01.07).

표현의 자유 문제는 음대협의 갑작스러운 고발로 인하여
'서갑숙 파문'이 채 가라앉기도 전에 동일한 문제틀을 갖고
우리 사회에 다시 출현하였다. 또다시 언론은 성 표현에 대
한 시민의 자정능력을 강조하였고, 검찰은 사법 처리를 고
심하였다. 특히 검찰은 '서갑숙 사건'을 사법 처리를 할 필
요가 없는 문제로 규정했기 때문에 동일한 성격의 문제라고
볼 수 있는 <거짓말>의 음란성을 규명하는 데에 고심할
수밖에 없었다. 뿐만 아니라 '서갑숙 사건'과는 달리, 특정
한 시민단체가 고발의 형식을 취했기 때문에 검찰은 반드시
사법처리의 여부를 공식적으로 판단해야 했다. '서갑숙 사
건'이 내사의 형식으로 다소 비공식적 성격을 가진 문제였
다면 '거짓말 사건'은 고발의 형식이므로 법률적인 판단을
사회에 공식적으로 공표해야 한다는 의미이다.

이 사건은 2000년 1월 초에 발생했음에도 불구하고 거의
6개월이 지난 6월 30일에 검찰이 음란성이 없다고 무혐의
처리하며 종결되었다. 검찰은 표현의 자유를 옹호하는 여론
과 '서갑숙 사건'의 여진으로 인하여 사법 처리를 즉각적으
로 결정하지 않았고, 장시간 고민 끝에 음란물에 대한 사회
적 가치판단의 변화, 음란성을 약화시키는 촬영기법, 그리

고 성욕의 자극과 거리가 있는 내용 등을 논리적 근거로 하여 형사적 제재를 포기했다. 단 검찰은 와중에 <거짓말>의 비디오 제작이나 2탄 제작, 그리고 무삭제 원본의 불법 복제물에 대해서는 엄중히 대처하겠다고 호언하였다. 다음의 기사는 그러한 현실을 잘 묘사하고 있다.

음란성의 여부를 놓고 논란이 빚어졌던 장선우 감독의 영화 <거짓말>에 대해 검찰이 무혐의 결정을 내렸다. 서울지검 형사7부(부장 문성우)는 30일 음란폭력성조장매체대책시민협의회가 지난 1월 형법상 음화 제조, 반포 등의 혐의로 고발한 장선우 감독과 제작사 신씨네 대표 신철씨, 영화 개봉 광고를 낸 단성사 등 전국 43개 극장주에 대해 무혐의 처분을 내렸다. 검찰은 이 영화가 장정일씨의 원작소설보다 표현과 내용이 상당히 완화됐고, 촬영기법에서 유사 다큐멘터리 기법 등을 통해 관객들의 영화 몰입을 막았으며 내용도 성욕을 자극하기보다는 불쾌감을 주는 정도여서 음란성이 없는 것으로 판단하였다고 밝혔다. 검찰 관계자는 '음란물에 대한 가치판단 기준은 시대에 따라 달라지는 것'이라며 '형사적 제재보다는 국민의 판단에 맡기는 것이 옳다고 본다'고 말했다(≪한겨레≫ 2000.07.01).

'서갑숙 사건'에 이어 영화 <거짓말>까지 검찰이 음란성 여부에 대해 시민의 자율적 판단과 자정능력에 맡긴 일은, 한국이 표현의 자유라는 측면에서 포르노조차 하나의 표현으로 인정하는 서구의 수준으로 발전할 수 있는 계기를 마련한 매우 바람직한 사건이라고 할 수 있다. 만약 21세기 초두부터 마광수와 장정일의 경우처럼 형사적 처벌이 있었다면 개인의 자유와 시민사회의 성장을 도모해야 할 한국 사회의 미래는 그다지 밝지만은 않았을 것이다.

그러나 '서갑숙'과 '거짓말' 사건은 본질적으로 끝나지 않은 문제이다. <거짓말>의 비디오 제작이나 속편 제작을 불허하겠다는 검찰의 엄포에서 잘 알 수 있듯이 또 다른 '서갑숙'과 '거짓말' 사건이 재현될 가능성이 매우 높기 때문이다. 음란물 관련 형법조항이 존재하는 한 유사 사건은 지속적으로 발생할 것이고, 표현의 자유는 그만큼 위축될 것이다.

2. 두 가지 사건의 의미와 문제점

서갑숙의 자서전적 에세이인 『나도 때론 포르노그라피의 주인공이고 싶다』와 장선우 감독의 영화 <거짓말>이 단지 해마다 무수히 생산되는 출판물과 영화 중 하나라는 인식을 넘어 하나의 사회적 사건으로까지 승화한 이유는 무엇보다도 언론의 집중적인 보도와 검찰의 개입 덕분이었다. 특히 검찰의 개입이란 언제나 그렇듯이 표현의 자유라는 사회적 가치의 문제를 직접적으로 유발시키기 때문에 양자는 한국 사회에서 20세기의 대미와 21세기의 초미를 장식하는 사회적, 그리고 문화적 사건으로 부각되었다고 할 수 있다.

하지만 미래지향적이어야 할 21세기를 전후해 발생한 사건치고는 '표현의 자유가 얼마나 억압받고 있는가'라는 한국 사회의 부정적인 현실을 반영하여 그렇게 유쾌하기만 한 사건이었다고는 할 수 없다. 단지 다행스러운 일은 검찰이 적극 개입하려다가 수사를 중단하거나 음란성 관련 혐의 사실을 부인한 일일 것이다.

2000년을 눈앞에 두고 있던 1990년대의 한국 사회는 표현의 자유라는 측면에서 서구와 일본 등 선진국과 비교하여 열등한 모습을 극명하게 보여주었다. 1990년대 들어 '도덕의 이름'으로 사법부의 단죄를 받은 경우가 소설『즐거운 사라』와『내게 거짓말을 해봐』를 비롯하여 연극 <미란다> 등이 있었으며 사법부의 수사를 받은 경우도 에세이집『나도 때론 포르노그라피의 주인공이고 싶다』와 영화 <거짓말>뿐 아니라 연극 <마지막 시도>와 만화『천국의 신화』, 그리고 잡지 한국판 ≪펜트하우스≫ 등이 있었다. 표현의 자유가 얼마나 보장되어 있는가가 곧 민주주의의 완성도를 알 수 있는 가장 중요하고 정확한 척도라는 점을 감안할 때 1990년대의 한국 사회는 가히 민주주의의 진통기였다고 해도 과언이 아니다.

재미있는 점은 표현의 자유에 대한 사회적 억압이 1980

년대에는 '사상'의 문제로부터 비롯되었다면 1990년대에는 '성'의 문제로 부각되었다는 사실이다. 1980년대의 한국 사회는 사회운동(social movement)의 시대라고 규정할 수 있을 정도로 역동적인 사회였고, 한국전쟁 이후 사회적으로 금기시된 마르크스주의가 공론화되기 시작하였다. 금서(禁書)의 형식으로 마르크스와 엥겔스, 레닌 등의 고전적인 저작들이 번역되어 시장, 특히 대학가의 서점에서 집중적으로 유통 및 거래되었다. 그에 따라 당시의 언론들은 극우적 시각에서 이러한 현상을 공격하였고, 검찰은 법의 이름으로 강력하게 금서의 유통을 통제하였다. 심지어 책을 구매하거나 소유한 사람도 구속하는 등 통제의 강도는 매우 높았다고 할 수 있다. 반면에 사회운동세력과 비판적 지식인들은 헌법이 보장한 '표현의 자유'를 대항 논리로 삼아 대처하였다. 이는 자유민주주의를 지향한다고 주장하는 극우적 언론과 검찰에게 비판적 지식인과 사회운동세력이 자유민주주의의 핵심 이념인 '표현의 자유'로 대항하는 우스꽝스러운 현상이 발생한 일이라고 해석될 수 있다.

반면에 1990년대에는 1992년 검찰이 『즐거운 사라』를 발표한 마광수를 구속하며 성 표현에 대한 사회적 억압을 보이기 시작하였다. 그리고 1994년 법원은 동성애와 혼음, 오럴섹스 등을 표현한 이 소설을 음란물로 판정하며 마광수를 범죄자로 만들었다. 또한 검찰은 1995년 여배우가 알몸으로 연기했다는 이유로 연극 <미란다>의 연출가와 배우를 사법 처리하였고, 1996년 장정일의 소설인 『내게 거짓말을 해봐』를 마광수의 사례와 마찬가지로 음란물을 유포했다는 죄명으로 구속하였다. 한국 사회가 처음으로 군부의 영향으로부터 자유로워진 시기에 표현의 자유와 관련된 갈등과 대립의 지점이 '사상의 문제'에서 '도덕의 문제'로 전환된 것이다. 그리고 이러한 현실은, 비록 최근의 경우에는 사법 처리까지 가는 극단적인 사례가 발생하고 있지 않지만, 현재까지 유지되고 있다고 볼 수 있다. 권력기관인 검찰이 사건의 중심에 존재하는 한 표현의 자유가 현저히 개선되었다고 단정할 수 없기 때문이다. 즉 특정한 문화상품의 성 표현이 사회적인 논란을 발생시키더라도 검찰이 개입하지 않는 상황에서의 찬반 양론, 달리 말해 또 다른 표현들을 통해서 문제를 해결할 때 비로소 표현의 자유에 큰 진전이 있다고 평가할 수 있다.

한편 '표현의 자유' 문제가 '사상'과 함께 '성 표현'의 문제로 집중되는 이유는 도덕과 윤리가 인간의 자유를 제한하는 하나의 사회적 굴레로 작용하기 때문이다. 도덕이란 한편으로는 사회를 유지하고 통합하는 긍정적 기능을 수행하지만, 또 한편으로는 사람들의 자유로운 행위를 억압하는 역기능적 요소를 갖고 있다는 의미이다. 특히 도덕의 굴레란 사회변화가 거의 없는 정태적 사회인 봉건시대보다는 경제적 성장에 따라 사회변화가 극심한 역동적 사회인 자본주의사회에서 더욱 강하게 나타난다. 사회변화는 물질적 삶의 양식뿐 아니라 가치체계의 변동을 수반하기 때문이다. 그래서 자본주의사회에서는 언제나 기존의 가치체계와 새로운 가치체계가 모순적으로 공존하며 서로 충돌하는 모습을 보인다고 할 수 있다. 그러할 때 사회의 권력을 장악하고 있는 세대의 보수적인 가치체계는 젊은 층을 중심으로 형성되는 새로운 가치체계를 억압하려는 양태를 보이는 것이다. 자본주의사회가 성립한 이후 도덕의 문제로 성 욕구나 성행위 등을 표현한 문화상품을 통제하는 이유는 여기에서 연유한다.

그러나 궁극적으로 승리하는 가치는 사회변화에 따라 새롭게 부상한 가치체계이다. 낡은 가치는 사회변화에 적응하거나 조응하지 못하므로 한동안 새로운 가치체계를 억압할 수 있다고 하더라도 언젠가는 주변화되는 운명에 처할 수밖에 없기 때문이다. 자본주의사회는 변화에 조응하지 못하는 가치를 파괴시킬 수 있는 잠재력을 갖고 있다.

1990년대 들어 성에 관한 표현들이 문화계의 핵심 화두로 등장한 것은, 지속적인 경제성장에 따라 사회적 그리고 개인적 부가 증진하는 한편 개인적인 욕구를 자유롭게 실현시키려는 행태가 지배적인 경향으로 나타나며 성에 관한 가치가 급변하고 있기 때문이다. 마광수의 『즐거운 사라』와

서갑숙의 『나도 때론 포르노그라피의 주인공이고 싶다』가
잘 보여주듯이 이제 성이란 가치상 엄숙한 도덕으로 무장된
대상이라기보다는 개인의 즐거움을 극대화하는 쾌락의 대
상으로 변화하고 있다. 특히 성 체험을 솔직하게 고백했다
는 서갑숙의 자서전적 에세이를 보면 성적 쾌락을 극대화하
기 위해 오럴섹스도 하고, 집단 혼음도 추구하고, 동성애를
경험하기도 하고, 심지어 성적 능력을 배양하기 위해 성기
훈련까지 하는 욕구들이, 마광수의 소설처럼 상상 속에서
해소되는 것이 아니라, 현실화되고 있는 것이다. 물론 이런
정도로 자신의 성적 욕구를 실천할 수 있는 사람이란 현실
적으로 소수이겠지만 중요한 점은 그런 사람들이 사회에 존
재하고 자신의 삶을 적극 표현하고 싶어한다는 사실이다.

그러할 때 성에 대한 새로운 가치를 전위에 서서 실천하
는 소수의 사람들이 자신의 삶을 글이나 영상으로 표현한다
면, 우리는 보수적인 언론이나 검찰처럼 표현물을 완전하게
억압하는 것이 바람직할까, 아니면 하나의 의견이나 표현으
로 인정하는 것이 바람직할까? 분명히 말하지만 이 질문의
정답은 후자이다. 왜냐하면 그렇게 해야 우리 사회의 모습
을 완전하게 알 수 있고, 보다 바람직한 사회를 만들기 위
해 사회구성원들이 함께 토론할 수 있기 때문이다. 다시 말
해 특정한 표현을, 비록 그것이 소수의 의견일지라도 완벽
하게 통제한다면 그 의견이 갖는 진실성과 진리로 확정될

수 있는 가능성을 원천적으로 봉쇄하는 결과를 낳는다는 의미이다. 더욱이 고전적인 자유주의 이념에 입각한 표현의 자유 이념이 잘 적시했듯이 세상의 어느 누구도 절대적인 확실성과 무오류성에 기반하여 진리를 독점할 수 없다는 점을 감안한다면 어떠한 표현일지라도, 비록 그것이 명백한 저질의 산물일지라도, 사회에서 자유롭게 유통시키는 것이 한 사회가 진리를 확보할 수 있는 최선의 방법인 것이다.

따라서 최근의 '서갑숙 사건'과 '거짓말 사건' 그리고 그 이전에 발생한 마광수와 장정일의 사법 처리, 더 나아가 마르크스주의의 금서화 등 표현의 자유를 억압하는 행위는, 민주주의의 실현을 가로막고 우리가 진리를 알기 위해 토론하고 논의하는 과정을 근본적으로 제약하는 행태에 불과하다. 또한 '음란성'이라는 자의적인 판단 기준으로 새롭게 부상하는 가치체계를 재단하려는 행위는 사회를 보호하는 것이 아니라 도리어 사회의 자정능력과 변화에 대한 적응능력을 약화시키는 것이다.

그리고 마광수와 장정일, 서갑숙 등이 사회의 통념에 비추어 납득하기 어려운 행위를 표현하고 있다면 우선 왜 그들이 그렇게 표현할 수밖에 없었는가를 규명하려고 노력해야 한다. 단순히 상업주의적 목적으로 음란성을 이용했다는 단순한 해석으로는 한국 사회가 경험하고 있는 성에 관한 가치체계의 근본적인 변화를 포착할 수 없기 때문이다.

2000년을 전후로 하여 발생한 '서갑숙 사건'과 '거짓말 사건'은 우리 사회가 말로는 자유민주주의를 지향한다고 하면서도 그 이념의 근본을 부정하고 있다는 사실을 잘 알 수 있게 한 계기였다. 한 가지 분명한 사실은 이념과 현실이 괴리되면 그 사회의 정체성은 혼돈 속에 매몰되고, 근거가 불분명한 모순적인 행태들이 빈번해진다는 점이다. '분업화된 전문성'이라는 시장논리를 위배하고 있는 봉건적 구조의 재벌이 도리어 시장논리를 강조하거나, '표현의 자유'를 가장 옹호해야 할 언론들 중 일부 극우적 성향의 언론들이 도리어 개인의 표현을 억압하거나, 인간의 노동력을 상품으로 판매하는 사회에서 유독 성의 상품화만을 문제시하는 일 등이 그러한 모순적 행태들의 대표적인 사례라고 할 수 있다.

3. 책의 구성과 주요 내용

이 책은 1999년과 2000년에 발생한 '서갑숙 사건'과 '거짓말 사건'을 통해 한국 사회가 아직까지 표현의 자유를 완전히 보장할 수 있을 만큼 성숙한 모습을 보이고 있지 않다는 점을 비판하고, 가능한 한 표현의 자유를 극대화할 수 있도록 전 사회적 실천이 필요하다는 점을 강조하려는 의도에서 쓰여졌다. 이를 위해 우선 제2장에서는 표현의 자유가 왜 중요한지, 그리고 표현의 자유가 얼마나 많은 사람들의 헌신적인 투쟁을 통하여 확보될 수 있었는가를 설명하려고 한다. 그러한 와중에 한 사회의 지배권력이 왜 표현의 자유를 억압하려는지, 그 이유를 규명하기로 한다.

다음으로 제3장에서는 '서갑숙 사건'과 '거짓말 사건'을 비롯하여 1990년대 표현의 자유를 억압했던 사건들을 둘러싸고 표출됐던 담론들 중 어떠한 주장들이 검찰의 개입을 불러일으켰는가를 알아보고, 도덕이나 상업주의, 청소년 보호 등 문제작들을 비판했던 주장의 논리적 근거가 얼마나 박약한 것인가를 규명하기로 한다. 이러한 작업은 표현의 자유를 억압하려는 주체들, 예컨대 검찰과 일부 극우 언론 그리고 보수적인 시민단체와 지식인 등의 논리를 정면에서 반박하는 내용을 담고 있다.

제4장에서는 표현의 자유를 극대화하기 위해 우리가 반드시 실천해야 할 문제에 대해서 설명할 것이다. 이를 위해 일상적으로 가치가 변화되고 있는 자본주의사회에서 도덕이 갖는 억압적 측면을 비판하고, 서구 선진국이 표현의 자유를 극대화하기 위해 어떠한 방식으로 문제를 해결했는지 알아보며 한국 사회가 표현의 자유를 위해 지향해야 할 바람직한 대안을 모색하기로 한다.

제2장 표현의 자유
발생의 역사적 배경과 이념적 토대

"표현의 자유는 인간이 만들어낸 최선의 이념으로서
인간의 자유와 민주주의를 지탱하는 근간이다."

제2장 표현의 자유
발생의 역사적 배경과 이념적 토대

“표현의 자유는 인간이 만들어낸
최선의 이념으로서
인간의 자유와 민주주의를 지탱하는 근간이다”

1. 표현의 자유, 지배권력에 대한 저항의 산물

인간이 만들어낸 최악의 사회적 산물이 전쟁이라면 최선의 이념적 산물은 표현의 자유이다. 전쟁이 인간의 탐욕과 권력욕을 가장 극명하게 드러내는 반인간적인 행위라면 인간이 자유롭게 무엇인가를 표현하는 일을 보장하는 것은 ‘인간이 자유로운 존재’라는 사실을 입증하는 가장 의미있는 행위이기 때문이다.

인간이 한평생 살아가면서 한번쯤 느끼고 상상할 수 있는 모든 일들, 예컨대 풍요로운 의식주 생활에 대한 집착, 성적인 욕망, 사회 권력에 대한 분노, 사회적 약자에 대한 애정, 그리고 악인(惡人)에 대한 적대감과 살의 등을 표현하는 것은 일상사에서 지극히 당연하고 소박한 일일 수밖에 없다. 그리고 우리가 본능으로 살아가는 동물이 아니라 감성과 이성을 갖춘 인간이라면 무엇인가를 사고하고 그것을 여러가지 방법을 통해 표현하려 하는 행위는 인간으로서의 정체성을 확고히 하는 것이기도 하다.

그럼에도 불구하고 표현의 자유가 인간의 역사에서 강력하고 핵심적인 사회적 이슈와 주제로 부각된 이유는 사회의 누군가가 이러한 소박하고 당연한 인간의 권리를 억압하기 시작했기 때문이다. 정확하게 말하면 사회의 지배계급, 즉 권력자들은 사회구성원이 자유롭게 의견을 표현하는 행위가 자신들의 권력과 안정적인 통치를 위협하는 주 요인이라는 사실을 일찍이 인식했다고 하겠다. 특히 정치적인 입장과 의사표현은 지배계급에게는 언제나 촉각을 두고 통제해야 할 대상이었다. 진시황의 분서갱유(焚書坑儒) 사건이 잘 보여주듯이 지배계급의 정치권력자들은 통치에 대한 비판을 가능한 한 억제해야 했고, 극단적인 경우 정치적 표현을 수행한 지식인들을 몰살시키고 그들의 책을 불살라버리는 행위까지 자행했던 것이다. 이처럼 표현의 자유를 억압하는 권력자의 통치 행위는 서구와 동양을 막론하고 장구한 역사 속에서 일관되게 관철되었고, 한국의 경우 비교적 최근인 1980년대까지 지배권력은 비판적인 성향의 지식인들을 구속하는 한편 상당수의 저작들을 금서로 규정하는 등 표현의 자유를 명백히 훼손하는 현상이 비일비재하였다.

또한 지배권력은 비단 권력에 대한 직접적인 정치적 비판뿐 아니라 당대의 세계관이나 도덕을 위협할 수 있는 표현조차도 강력하게 통제하였다. 대표적인 역사적 사례를 들자면 '태양이 지구를 도는 것이 아니라 지구가 태양을 돈다'는 과학적 사실을 발견한 코페르니쿠스나 갈릴레오 등이 신 중심의 세계관을 위협하는 이단으로 몰렸고, 밀턴이 이혼에 대해 쓴 두 편의 소책자는 정치권력에게 검열 당해야만 했다. 당대의 지배적인 세계관을 전파하고 관리하는 이데올로그(ideologue)였던 종교권력과 그러한 세계관의 실제적인 수혜자였던 정치권력은 자신들의 세계관을 철통같이 지키려고 했고, 사회의 규범과 도덕을 지키는 최후의 보루처럼 자처하며 표현의 자유를 억압하려고 했다. 이는 마치 한국에서 1980년대와 1990년대에 정치권력과 극우적 언론들이 대안적 이념이자 세계관인 사회주의를 통제하고, 도덕의 이름으로 파격적인 성행위를 묘사한 문화산물들을 억압한 행태와 동일한 성격의 일이라고 할 수 있다.

그러나 억압은 언제나 그에 비례하여 사회적 저항을 불러일으킬 소지를 내포하고 있었다. 정치권력에게 억압당하는 사회주체들은 억압의 정당성보다는 부당함을 가슴 속 깊이 느낄 수밖에 없었기 때문이다. 게다가 표현이란 인간이

자연스럽게 자신의 삶에 대한 느낌과 감성을 소박하게 표출
시키려는 욕구에서 나온 행위이므로 더욱 그러하다. 그래서
정치권력의 억압과 통제에도 불구하고 지배적인 사상과 도
덕에 반하는 행위가 역사 속에서 항시적으로 존재했었고,
특히 인간의 자유를 보장할 수밖에 없는 자본주의사회가 성
립한 이후, 표현의 자유를 획득하기 위한 전면적인 인류의
투쟁이 본격화되었다.

자본주의사회는 자급자족의 봉건주의사회와는 달리 시장
에 기초한 교환경제의 사회이기 때문에 분업화된 기업과 공
장을 중심으로 생산 활동을 하는 한편, 도시 중심의 생활양
식을 구현하였다. 그에 따라 오랜 기간 동안 농촌의 촌락사
회에 익숙해 있던 당대의 사회구성원들은 농업을 포기하고
도시로 이동해야 했고, 이러한 행위를 촉진시키기 위해 법
과 이념적으로는 '직업선택의 자유'와 '거주이전의 자유'
등 개인의 자유를 보장하며 새로운 사회체계를 구성하려고
하였다. 즉 자본주의사회는 역사상 처음으로 개인의 자유와
권리를 인정하기 시작하였고, 그 결과 개인주의적 삶의 양
식이 점진적으로 정착되었다.

개인의 자유와 권리를 신장하는 사회적 분위기는 곧 바
로 인간의 원초적 욕구인 표현의 자유에 대한 관념을 형성
시켰다. 특히 자연과학의 발달로 인한 생산력의 발전은 천
국을 약속했던 신적 세계관의 붕괴를 야기하는 동시에 인

간의 이성에 대한 사회적 신뢰를 높였고, 이러한 이성에 대한 신뢰, 보다 정확하게 계몽주의적 사조는 '표현의 자유를 완전히 보장하는 것이 사회적으로 바람직하다'는 인식을 확산시켰다. 표현이란 인간의 이성이 작용한 결과물이기 때문이다.

계몽주의가 기존의 신적 세계관에 대항하는 사회적 이념으로 확고하게 자리잡으며 표현의 자유를 확보하려는, 지배 권력에 대한 지식인들의 투쟁이 시작되었다. 그 와중에 표현의 자유를 주창하는 기념비적인 책이 출간되었는데 그것은 바로 밀턴의 『아레오파지티카』였다.

밀턴이 18세기 『아레오파지티카』를 쓴 계기는 이혼에 대한 두 편의 소책자를 정치권력이 도덕의 논리로 검열을 한 행위 때문이었다. 밀턴은 진리를 독점할 수 없는 정치권력에 의해 시장에서 공개적인 논의를 거치지 않고 진위를 결정하는 방식인 검열 제도를 비판했고, 그러한 검열 제도의 폐지를 강력하게 주장하였다. 그리고 밀턴의 주장은 봉건적인 지배계급의 권력을 해체한 프랑스 대혁명 등 정치적인 시민혁명을 통해 온전하게 반영되었다. 즉 18세기 말에 프랑스 등 일부 서구 선진국들은 표현의 자유를 인간의 가장 귀중한 권리 중 하나로 인정했고, 자국의 헌법에 기본 조항으로 설정하기에 이르렀다. 다음과 같은 미국의 수정헌법 1조가 잘 보여주듯이 이제 표현의 자유는 누구도 부정하기

어려운 인간 자유의 핵심이자 민주주의의 근간으로 자리잡
게 되었다.

미국의 수정헌법 1조
의회는 종교의 설립에 대하여, 설립된 종교의 활동을 금지
하는 표현이나 언론의 자유를 침해하는, 혹은 평화로운 집회
를 금지하거나 정부에 대한 불만을 표출하는 청원을 막는 어
떠한 법률도 제정할 수 없다.

물론 헌법에 표현의 자유를 보장하고 있다고 하더라도
어느 국가도 완전한 자유를 구가하는 것은 아니다. 서구 선
진국 역시 인권선언과 헌법의 보장에도 불구하고 플로베르
의『보바리 부인』이나 로렌스의『채털리 부인』, 그리고 헨
리 밀러의『북회귀선』등이 사법부의 판결 대상이었고, 현
재는 소수의 거대 언론사가 의견을 독점하는 등 표현의 자
유를 완전하게 실현했다고 볼 수 없다. 한국의 경우에는 21
세기에 들어와서까지 억압의 현실을 경험하고 있는 실정이
므로 두말하면 잔소리일 뿐이다. 따라서 표현의 자유는 ‘완
성태’라기보다는 지속적으로 그 자유를 점진적으로 확대시
켜야 할 ‘미완의 가치’라고 할 수 있다. 단 국가별로 표현의
자유를 얼마나 확보하고 있는가라는 정도의 문제로 접근할
때 서구와 일본은 한국에 비해 한 단계 이상 높은 수준으로
표현의 자유를 구가하고 있다고 하겠다.

표현의 자유를 확보하는 역사적 과정을 찬찬히 살펴보면 인간이 자신의 삶에 대한 느낌과 경험을 표현하는, 소박하기 그지없는 행위가 얼마나 지배권력의 통제로부터 혹독하게 시련을 받았는지를 잘 알 수 있다. 또한 인간이 만든 제도와 도덕적 가치들이 얼마나 인간의 자유와 무관할 수 있는 것인지도 잘 알 수 있다. 우리가 이러한 역사로부터 배울 수 있는 최고의 교훈은 표현의 자유를 극대화하는 일이 인간이 인간으로서의 정체성을 완전하게 찾아가는 과정이라는 사실이다. 그런 의미에서 표현의 자유는 인간이 만들어 낸 최선의 이념적 산물이고, 기필코 완성시켜야 할 인류의 과제이다.

2. 표현의 자유와 사회의 생존능력

표현의 자유라는 관념은 역사적으로 자본주의사회의 태동과 함께 발현된 비교적 최근세사의 개념이라고 할 수 있다. 자본주의사회 이전만 하더라도 자신의 의견을 자유롭게 표현할 수 있는 권리란 지배 계급에 국한되어 있었기 때문에 사회구성원 모두가 표현의 자유라는 인간적인 권리를 누릴 수 없었다. 다시 말해 자본주의 이전 사회에서 표현의 자유란 소수 지배계급의 전유물인 동시에 권력의 상징과도 같은 것이었다. 특히 지배계급은 글을 쓸 수 있는 능력을 독점하며 피지배계급이 그러한 능력을 갖는 것을 철저하게 통제하였다. 지배계급이 안정적으로 피지배계급을 지배하려면 피지배계급의 비판적 능력을 무력화시키는 것이 절대적으로 필요했기 때문이다. 따라서 자본주의 이전 사회에서는 표현의 자유라는 관념 자체가 발생하기 어려웠다.

그러면 왜 자본주의사회는 이전 사회와는 달리 표현의 자유라는 인간의 권리를 인정한 것일까? 자본주의사회 역시 생산수단을 소유한 자본가계급이 지배계급으로서 권력을 장악하고 있음에도 불구하고, 무슨 이유에서 권력을 위협할 수 있는 표현의 자유를 용인할 수밖에 없었는가?

답부터 말하자면 자본주의사회는 구조적 조건상 사회의 생존과 항상성을 유지하기 위해서 표현의 자유를 보장해야 했기 때문이다. 다시 말해 표현의 자유는 지배계급의 자유의지와 관용이 아니라 자본주의사회의 체계적 필요에 따라 발생했다는 의미이다.

자본주의사회가 표현의 자유라는 이념이 필요한 이유는, 다양한 정보와 의견을 제공하며 사회의 생존과 항상성(homeostasis)에 필수불가결하게 기여하는 매스 미디어의 원활한 행위를 지원해야 하기 때문이다. 표현의 자유는 역사상 처음으로 불특정 다수를 대상으로 정보를 제공하는 매스 미디어의 출현에 따라 발생한 이념이라는 뜻이다. 따라서 매스 미디어와 표현의 자유는 상호 밀접하게 연관되어 있는, 마치 한 어머니의 쌍생아와 같은 것이라고 하겠다. 그래서 매스 미디어는 언제나 정치권력이나 경제권력 등 사회의 지배적인 세력들과 갈등을 빚으면 표현의 자유를 이념적 무기로 대항하는 것이다.

표현의 자유가 매스 미디어의 활동을 지지하는 가치체계라고 한다면, 표현의 자유가 발생한 이유는 매스 미디어의 발생 이유로부터 직접적으로 추정될 수 있다. 그러면 봉건주의사회와 자본주의사회를 비교하며 매스 미디어가 왜 자본주의사회의 태동과 함께 인류의 역사에 처음 등장했는가를 알아보기로 한다.

농업 중심의 촌락사회를 근간으로 하는 봉건주의사회는 매스 미디어와 표현의 자유라는 이념 없이도 사회의 생존과 항상성이 잘 유지되었다. 촌락사회란 성격상 대단히 정태적인 사회로써 사회구성원은 한 평생 한 지역에서 하나의 직업, 즉 농부로 살아가면 그만이었다. 농업과 관련한 지식과 정보를 갖추면 생존을 하는 데 하등의 지장이 없었다는 의미이다. 그리고 촌락사회의 사회구성원들은 평생 함께 살아가는 공동체의 일원이었기 때문에 정보의 공유가 극대화되었고, 개인주의적 성향이 최소화되었다. 그래서 봉건주의사회에서는 거주 이전의 자유나 직업 선택의 자유 등 개인의 자유와 권리들이 향상되기 어려웠고, 의미의 공유가 구성원

간에 원활하게 이루어지는 한 공동체에 정보를 제공하는 제
3의 기관, 즉 매스 미디어가 필요하지 않았다. 결과적으로
촌락사회 중심의 봉건주의사회는 매스 미디어와 표현의 자
유라는 이념 자체가 발생하기 어려운 구조적 조건하에 있었
다고 할 수 있다.

또한 사회구성원들이 서로 잘 알고 있다는 조건은 사회
통합을 유지할 수 있는 도덕의 기능을 강화시켰다. 도덕과
윤리는 서로 누구인가를 정확하게 인식할 수 있는 조건에서
는 적절하고 강력하게 기능하지만 서로를 모르는 조건, 예
컨대 자본주의사회의 도시생활처럼 사회구성원이 낯설은
타인이나 시민적 무관심(civil inattention)으로 살아가는 조
건에서는 그 기능이 제대로 작동하기 어렵기 때문이다. 그
래서 촌락사회는 법보다는 도덕과 윤리로 쉽게 통제되는 사
회였고, 그에 따라 규범적인 가치를 제공하는, 소위 사회화
기능이라고 일컬어지는 매스 미디어의 사회적 역할이 필요
하지 않았다.

그러나 도시중심의 불확실성이 높은 자본주의사회가 역
사 속에 출현하며 봉건주의사회의 생존양식은 완전하게 변
화하였다. 자본주의사회란 분업에 기초한 교환경제로서 생
산과 소비가 분리됨에 따라 사회구성원들이 촌락사회에서
처럼 단순하게 평생 동일한 직업을 갖고 생활할 수 없는 사
회이다. 그리고 생산과 소비의 분리는 곧 일터와 집터, 그리

고 노동과 여가 등을 분리시키고, 도시 중심의 복잡한 일상 체계를 구성하였다. 그 결과 직업의 다양화와 직업 선택의 자유, 거주 이주의 일상화 그리고 시민 다수의 행위에 있어서 시공간적 체계의 효율적 관리 등 일상 생활에 중대한 변화가 발생하였다.

뿐만 아니라 자본주의사회는 일상적으로 생존에 직결되는 시장 경쟁을 경험하며 살아가는 역동적인 사회이자 지속적으로 성장하는 사회이다. 10년이나 100년이 지난 후의 생활양식이 과거와 거의 동일할 수밖에 없던 촌락사회와는 달리 자본주의사회는 사회적 변화를 일상적으로 체험하며 살아가는 사회라는 의미이다. 촌락사회가 장시간 동안 정태적인 모습으로 존재하는 사회라면 자본주의사회는 대단히 동태적이고 진화적인 사회라고 할 수 있다. 그런 이유로 경제학자인 갈브레이드(J. K. Galbraith)가 잘 지적했듯이 현대 사회의 주요한 특징 중 하나는 바로 불확실성이다.

이러한 복잡한 일상체계와 미래에 대한 불확실성은 촌락사회와는 근본적으로 다른, 도시사회의 커뮤니케이션 체계를 구현시킬 수밖에 없었다. 촌락사회가 구성원들간의 직접적인 대면 커뮤니케이션을 통하여 사회의 항상성을 유지할 수 있는 '의미의 공유(sharing of the meaning)'를 실현했다면 대중들이 익명으로 살아가는 도시사회는 매스 미디어를 통하여 분업적으로 정보를 생산하며 사회 구성원들이 필수적으로 갖추어야 할 의미의 공유, 즉 사회화를 구현하였다. 따라서 매스 미디어는 본성상 사회 전반에 대한 정보를 제공하지 않으면 사회의 항상성이 유지되기 어렵다는 현실적 이유 때문에 발생한 것이다. 같은 맥락이지만 자본주의사회는 매일 매일 일상적으로 사회의 변동상에 대한 정보를 사람들에게 제공해야 비로소 사회체계의 항상성을 유지할 수 있다.

매스 미디어가 사회체계의 본성상 필연적으로 출현할 수밖에 없는 사회적 조건이라면, 매스 미디어를 생산하고 소비하는 체계가 당연히 사회에 형성되어야 하며, 이를 지지하는 가치체계 또한 등장해야 한다. 역사적으로 전자가 '인쇄술의 발명'과 '대중교육의 출현'이라면 후자가 계몽주의에 기초한 '표현의 자유'였다. 15세기 독일의 구텐베르크(J. Gutenberg)가 인쇄술을 발명한 이후 문자해독능력과 수리능력을 부여한 대중교육이 발생한 것과 17~18세기 동안 표현의 자유를 확보하기 위해 정치권력과 치열한 투쟁을 시작한 일은 바로 자본주의사회의 커뮤니케이션 체계를 전면적으로 구성하려는 역사적, 사회적인 과정이었다.

인쇄술은 정보를 상품으로 대량생산할 수 있는 생산조건이었다. 인쇄술이 있어야 비로소 정보를 분업적으로 생산하는 매스 미디어가 존재할 수 있기 때문이다. 마찬가지로 대중교육은 글을 읽을 수 있는 능력을 대중에게 부여하는 소비조건이었다. 문자를 해독할 능력이 대중에게 없다면 정보를 대량으로 생산하더라도 소비할 사람이 없어 매스 미디어 시장이 실패하기 때문이다. 매스 미디어는 이렇듯 정보의 대량생산과 소비라는 양 조건을 구비하며 유력한 사회제도로서 기능하기 시작하였다.

그러나 대중이 대량생산되는 매스 미디어를 소비할 수 있다는 사실은 당시의 봉건적인 지배계급에게는 용납될 수 없는, 통치의 위기와도 같은 현상이었다. 한 사회의 정보를 독점하며 사회를 통제하던 봉건귀족으로서는 대중이 매우 용이한 방법으로 정보를 획득하는 체계란 전례가 없던 일로 그러한 현실을 인정할 수 없었기 때문이다. 그래서 봉건체제의 국가는 '출판물에 대한 특허제도'나 '내용의 검열' 등을 주된 방법으로 철저하게 매스 미디어를 통제하려고 하였다. 초기 매스 미디어가 국가권력과 적대적 관계를 갖고 국가에 대항하며 표현의 자유를 확보하기 위해 투쟁했던 일은 그러한 역사적 현실에서 연유한다.

매스 미디어에 대한 국가의 통제와 탄압에 따라 '자유롭게 말할 수 있는 권리'라는 이념이 출현하였고, 국가와의 치열한 투쟁 속에서 표현의 자유라는 가치체계가 점진적으로 발전하였다. 투쟁의 초기에는 '인간의 이성이란 신이 부여한 능력'이라는 관점에서 표현의 자유를 적극 옹호하였다면 이후에는 개인의 권리나, 인간 행복의 극대화 등의 관점에서 정의하였고, 최종적으로는 표현의 자유가 진리를 확보하는 가장 바람직한 방법이라는 논리를 강조하며 주창되었다(J. Kean, 1991: 34-44). 매스 미디어에 대한 정치권력의 강력한 통제를 극복하기 위해 당대의 사상가들은 표현의 자유를 신의 뜻이나 개인의 권리, 행복의 극대화, 그리고 진리등 절대적 가치로 옹호했던 것이다. 표현의 자유에 대한 고전적인 명저인 밀턴의 『아레오파지티카』와 밀(John Stuart Mill)의 『자유론(On Liberty)』 등은 그러한 과정의 산물이다. 그리고 표현의 자유 이념의 근간을 이루었던 사상적 배경은 다름아닌 계몽주의, 특히 영국을 중심으로 발전한 자유주의였다. 계몽주의는 봉건체제의 신적 세계관에 대항하여 인간의 이성을 세상의 중심에 놓은, 다분히 인간주의적 사고체계이다. 즉 계몽주의는 인간의 이성이 신을 대신하여 세상을 이상적으로 창조할 수 있다는 점을 주창한 관념체계라고 할 수 있다. 특히 한 사회의 생산력을, 과거에는 결코 상상도 할 수 없을 만큼 급격하게 증가시킨, 물리학과 수학 그리고 생물학 등 자연과학은 세상을 변화시키는 이성의 기능을 분명하게 보여주었다. 이는 신에 의존하지 않더라도 인간의 이성만으로도 충분히 천국을 건설할 수 있다는 확신을 갖게 한 결정적인 사건이었다. 비록 20세기에 들어와 히틀러와 무솔리니 그리고 스탈린 등의 파시즘을 경험하며 인간의 이성에 대한 회의를 품기 시작하였지만 당대에는 인간의 이성에 대한 신뢰와 확신으로 가득 찼다.

인간의 이성을 중시한 계몽주의가 표현의 자유에 관한 이념적 근간이라는 사실은 매우 당연한 일이다. 표현이란 바로 인간의 이성이 활동한, 신뢰할 만한 사회적 산물이었기 때문이다. 그리고 당대의 정치권력이 표현의 자유를 억압하고 탄압하는 행위는 인간의 이성에 대한 모독일 뿐 아니라 인류의 진보와 사회의 진화를 가로막는 대단히 문제 있는 행동으로 해석될 수밖에 없었다.

다시 한번 강조하지만 표현의 자유란 사회의 항상성을 유지하려는 자본주의사회의 본성상 새로운 커뮤니케이션 체계를 정립해야 할 필요성 때문에 발생한 가치체계이다. 그러할 때 한 사회에서 표현의 자유를 극대화하는 일은 사회의 혼돈과 무질서를 야기하는 것이라기보다는 사회의 생존능력을 한층 높인다고 하겠다. 역으로 말한다면 표현의 자유를 억압하는 일이 도리어 사회의 생존과 항상성을 위협하는 대단히 잘못된 행위이다.

그럼에도 불구하고 자본주의사회가 태동한 이후 봉건적인 지배계급이 몰락하고, 새로운 계급질서가 형성되었는데도 표현의 자유를 억압하는 일이 지속되었던 이유는 표현의 자유가 새로운 지배계급의 권력과 통치에 충분히 위협을 줄 수 있는 사회적 요인이었기 때문이다. 그리고 검열과 생존의 위협 등이 난무하는 와중에서도 표현의 자유가 점진적으로 신장될 수 있었던 것은 권력에 대한 비판적인 지성인들의 헌신적인 투쟁 때문이었다.

한 가지 명심해야 할 점은 표현의 자유를 완성시켜야 할 인류의 투쟁이 아직까지 끝나지 않았다는 사실이다. 아니, 표현의 자유가 완성을 지향하지만 결코 완성될 수 없는 이상적인 가치들이라면 표현의 자유를 극대화하는 투쟁은 사회가 존재하는 한 영원한 것일지도 모른다. 여하튼, 표현의 자유를 위한 투쟁이 일시적인 것이든 아니면 영원한 것이든 간에 '서갑숙 사건'이나 '거짓말 사건'과 같은, 표현의 자유를 억압하는 일이 비일비재한 한국 사회에서는 이러한 과제가 더욱 절실하다.

그리고 표현의 자유가 자본주의사회의 생존과 항상성을 위한 구조적 필요에 따라 발생한 이념이고 궁극적인 승자가 표현의 자유를 적극 옹호하는 자라면, 패자는 표현의 자유를 억압하는 자일 것이다. 남은 일은 선택이다. 밀턴이나 밀처럼 표현의 자유를 지향하는 헌신적 지성인으로 남거나, 아니면 권력의 편에 서서 편안한 삶을 영위하거나 말이다.

3. 표현의 자유로운 유통과 진리

17세기 이후 지배계급의 정치 권력과 대항하며 성장한

표현의 자유는 논리상 표현의 내용보다는 형식적 과정과 절차에 대한 보편적 원리를 제공하였다. 즉 표현의 자유 이념은 표현된 내용의 진위를 판별하는 방법보다는 내용이 자유롭게 유통되고 거래되는 형식에 초점을 맞추었다.

표현의 자유 이념이 내용의 진위와는 무관하게 내용의 과정적 절차를 중시한 이유는, 비록 데카르트 이후의 철학적 사조가 내용의 진실을 담는 논리, 곧 진리(logic of truth)를 탐구하는 데 전력을 다했다는 사실도 하나의 이유겠지만 무엇보다도 정치권력의 통제 때문이라고 할 수 있다. 세상의 진리를 탐구하려는 사회적 노력이 있는 가운데 정치권력이 그러한 노력을 통제하려고 하자 당대의 지성인들은 과정의 중요성을 강조한 표현의 자유를 전면에 내세우며 항거했던 것이다. 이혼에 대한 두 편의 소책자를 정치권력이 문제삼은 일에 항의하며 저술된 밀턴의 『아레오파지티카』는 그 전형적인 사례이다. 따라서 정치권력의 통제는 진리를 확보하기 위해서 사람들의 표현을 자유롭게 유통시키는 일이 얼마나 중요한가를 확실하게 인식시켜준 행위였다고 할 수 있다.

정치권력의 통제는 보편적으로 사회적 처벌을 통하여 특정한 표현이 사회에 유통되는 것을 제약하는 행위이다. 예컨대 마광수의 『즐거운 사라』와 장정일의 『내게 거짓말을 해봐』를 음란물로 규정하고 마광수와 장정일을 구속한다면,

이는 앞으로 국가권력 중 하나인 검찰이 동성애와 혼음, 오럴섹스 그리고 성인과 미성년자와의 가학적 성행위를 묘사하는 사람들을 구속하겠다는 의지를 표명한 일이고, 그에 따라 그러한 내용의 작품들이 시장에서 생산 및 유통되지 못한다는 사실을 의미한다. 1980년대 검찰이 비판적 지식인을 구속하고, 사회주의적 성향의 저작들을 금서로 규정한 일 또한 마찬가지이다. 따라서 정치 권력의 통제는 특정인을 범죄자로 만드는 방식의 사회적 처벌을 무기로 특정한 표현의 생산과 유통을 억제하려는 것이다.

이러한 통제의 가장 큰 문제는 무엇보다도 지배권력의 이해관계와 일치하는 표현물은 원활하게 유통되는 반면에, 이해관계와 대립하는 표현물은 집중적으로 통제받을 가능성이 높다는 점이다. 실제로 역사는 지배권력을 위협할 수 있는 내용의 표현물들을 철저하게 억압했다고 기록하고 있다. 피지배계급이 글을 쓰고 읽을 수 있는 능력을 근본적으로 제약한 자본주의 이전 사회는 두말할 필요도 없이, 자본주의사회에서도 지배계급을 위협할 수 있는, 사회혁명론의 주창자라고 할 만한 좌파 언론과 지식인들이 혹독한 시련을 겪었음은 당연한 일이다.

여기서 재미있는 사실은 정치권력이 표현물에 대한 검열을 실시할 경우 내용에 관해 두 가지 측면에서 통제한다는 점이다. 하나가 사회치안유지, 곧 사회질서의 유지라는 측

면이고, 또 하나는 미풍양속훼손, 곧 도덕과 윤리의 측면이
다. 전자가 지배계급의 권력을 유지한다는 의도를 감추고
있다는 점에서 이데올로기로서의 성격을 강하게 갖는다면
후자는 일반 대중이 동의하기 쉽다는 점에서 검열의 정당성
을 확보하려는 성격을 갖는다.

정치권력의 입장에서 본다면 도덕과 윤리의 측면보다 사
회질서의 유지를 위해 기능하는 검열이 더욱 중요하다. 그
러한 검열은 권력의 안전과 영속성을 보장하기 때문이다.
그러나 검열의 주된 방식이 대립적인 정치적 견해에 대한
직접적이고 물리적인 통제에 국한된다면 검열의 사회적 정
당성은 쉽게 확보될 수 없다. 그것은 누가 보아도 대립되는
정치적 세력에 대한 명백한 탄압의 양상으로 나타나기 때문
이다.

그러할 때 기존의 도덕과 윤리와 배치되는 성격의 성적
욕구를 배출한 표현물을 검열한다면 정치권력은 검열의 정
당성을 확보하기 용이하다. 이러한 검열은 탄압의 모습으로
비치는 이념물에 대한 검열보다는 사회구성원에게 동의를
받기 수월하기 때문이다. 즉 파격적인 성행위 등 기존의 도
덕과 윤리와 충돌하는 내용을 기술한 표현물에 대해 일반
적인 사회구성원들은 매우 비판적이기 십상이므로 그러한
표현물에 대한 검열과 통제를 당연한 일로 인정한다는 의
미이다.

사회구성원들이 이념물에 대한 검열을 부정적으로 평가함
에도 불구하고 성적 표현물에 민감하게 반응하는 이유는 도
덕과 윤리에 대한 사회구성원의 보수적 성향 때문이다. 도덕
과 윤리란 사회구성원들이 태어나서 장년이 될 때까지 학습
해온 주요한 문화적 구성물로서 일반인의 행위와 가치를 상
당 부분 결정하는 사회적 요인이다. 주류 사회학인 구조기능
주의가 적절하게 지적했듯이 인간의 행위를 결정하는 최우
선적 요인은 한 사회의 문화체계(cultural system)라고 할 수
있다. 그럴 경우 지배적인 도덕과 윤리와 배치될 수 있는 표
현물, 그것도 은밀한 공간이 아니라 공개적이고 공식적인 시
장, 예컨대 TV 방송이나 유력 일간지, 그리고 영화관 등에
서 접촉했을 때 일반인은 심리적인 불일치를 경험하고 사회
적 통제를 받아야 할 표현물이라고 규정하는 등 매우 비판
적인 태도를 보이기 쉽다. 그래서 서갑숙의 『나도 때론 포
르노그라피의 주인공이고 싶다』나 영화 <거짓말>이 공식
적인 장에서 출판되거나 상영되었을 때 상당수의 사람들이
"서갑숙의 외설적 주장은 상업적인 목적을 위해 튀어보이려
는 것에 불과하다"거나 "한 개인의 표현물이 타인에게 나쁜
영향을 준다면 그것은 표현의 자유가 아닌 방종이다"라거나
"억눌린 성해방을 위한 영화라기보다는 수준 낮은 포르노물
에 불과하다"라는 등의 비판적 태도를 보이는 것이다(≪경
향신문≫ 1999.10.29; ≪대한매일≫ 2000.01.07).

사회구성원들이 성 표현 등에 보수적인 문화 성향으로 통제하려는 욕구를 갖고 있다면 정치권력은 그러한 욕구를 대변하며 도덕과 윤리에 배치되는 표현물을 적극 검열하게 된다. 그러면서 한편으로는 사회의 도덕과 윤리를 수호하는 최후의 보루처럼 자처하고, 또 한편으로는 검열의 정당성을 확보하는 것이다. 역사적으로 성적 타락의 극치는 언제나 풍요로운 지배계급의 문화적 산물이라는 점을 감안할 때, 지배권력은 도덕과 윤리를 정치적으로 이용하며 자신들의 이해관계에 반하는 이념들을 통제했다고 할 수 있다.

한편 사회구성원의 성 관념이 보수적 성향을 가지고 있다는 사실은 도덕과 윤리에 배치되는 어떠한 성 표현물이 자유롭게 유통되더라도 사회적으로 잘 통제될 수 있다는 것을 의미한다. 다시 말해 검찰 등 국가권력이 개입하지 않더라도 보수적인 성향의 사회구성원들이 언론에 비판적인 글을 기고하거나 파격적인 성 표현물에 대한 불매운동 등을 벌이는 등 완벽할 수 없지만 어느 정도 제어할 수 있는 사회적 기제를 갖추고 있다는 뜻이다. 특히 공식적이고 공개적인 장에서 생산되고 유통되는 표현물에 대해서는 더욱 그렇다. 예컨대 1999년 SBS에서 방영된 '갈라쇼'가 모델들의 선정적인 자태를 여과 없이 보여주자 PC 통신과 언론이 집중적으로 SBS를 비판한 사례가 단적인 예이다. 따라서 파격적인 성행위를 묘사한 작품이 사회에 나오면 검열이나 사법 처리 등 권력의 통제보다는 사회구성원들의 자율적 비판과 판단에 맡기는 것이 표현의 자유를 억압하지 않고도 사회적으로 관리할 수 있다는 점에서 최선의 선택이다.

그리고 기존의 도덕과 윤리에 배치되는 표현물이 최소한 현실에 존재하는 행태이거나, 아니면 미래의 성 관념을 주도할 수 있는 내용이라면 그러한 표현물을 시장에서 자유롭게 유통시키며 사회적 토론을 유발하는 것이 보다 바람직하다. 자본주의사회가 성립한 이후 성 관념은 지속적으로 변화하고 있고, 기존의 도덕과 윤리로는 인정할 수 없는 파격적인 행위와 가치가 언제나 지배적인 것으로 전환되었기 때문이다. 그럴 경우 검열과 사법 처리 등 정치권력과 국가권력의 통제는 변화의 양상을 제약하고, 사회구성원의 보다 진지한 토론을 억압하는 행위에 불과하게 된다.

사실상 정치권력의 통제는 그 자체가 진리 탐구를 결정적으로 제약하는 행위이다. 어떠한 사회에서도 진리를 알고 있다고 자부할 만한 정치권력은 존재할 수 없다고 가정할 때, 통제란 단지 진리가 아닌 것뿐 아니라 진리마저도 억압할 가능성이 대단히 높은, 사회적으로 바람직하지 못한 행동이기 때문이다. 따라서 '표현의 자유'는 진리 추구 과정 자체에서 절대적으로 필요한 이념일 수밖에 없다.

"표현을 자유롭게 유통시켜라." 이는 한 사회가 진리를 확보할 수 있는 최선의 방법이고, 표현의 자유 이념이 가장 중요시하는 이념적 토대이다. 특히 자본주의사회처럼 사회적 변화가 일상적으로 관철되는 사회에서는 표현의 자유로운 유통이 완전하게 보장되어야 한다. 그럼에도 불구하고 지배권력에게 검열이라는 수단을 통하여 이념과 윤리적인 판단을 최종적으로 하게 한다면 인간의 자유와 민주주의의 실현은 그만큼 늦어질 수밖에 없다. 우리가 지향해야 하는 사회는 검열이 없는 사회, 곧 표현이 자유롭게 유통되며 사회구성원들이 함께 문제를 해결해가는 공동체이자 소수의 의견일지라도 타인의 의견을 존중하는 인간적 가치를 극대화하는 사회이다.

4. 표현의 자유와 인간의 이성

표현의 자유로운 유통에 중점을 둔 표현의 자유 이념이 논리적인 전제로 삼고 있는 것은 계몽주의의 철학적 기반이라고 할 수 있는 인간의 이성에 대한 확고한 믿음이다. 이성을 가진 인간의 행위는 궁극적으로 인간 사회에 바람직한 결과를 산출할 것이라는 믿음이 바로 그것이다. 그리고 표현이란 인간의 이성이 행하는 가장 중요한 행위 중 하나이므로 어떠한 통제 없이 자유롭게 시장에서 유통되어야 한다는 것이 계몽주의의 요지이다. 『언론의 4이론(Four Theories

of the Press)』이란 고전적인 저서에 인용된 베커(C. Becker)
의 다음 구절들은 이러한 이념의 기본적인 전제들을 잘 표
현하고 있다.

> 언론 및 출판의 자유의 민주주의적 원리는 일정한 가설 위
> 에 서 있다. 그중 하나는 인간이란 진리를 알기 원하며 진리
> 에 따르려고 한다는 것이다. 둘째, 결국 진리에 도달하는 유
> 일한 방법은 공개 시장에서의 자유로운 의견 경쟁에 의할 수
> 밖에 없다는 것이다. 셋째, 인간이란 누구나 의견이 다른 존
> 재이기 때문에 인간은 각자 타인에게도 똑같은 권리를 인정
> 하는 것을 조건으로 자기 자신의 의견을 자유롭게 그리고 열
> 심히 주장하는 것을 허용받아야 한다는 것이다. 그리고 가설
> 중 마지막은 이 상호 관용 및 다른 의견들의 비교 검토로부터
> 가장 합리적이라고 생각되는 의견이 나오고, 그것이 일반적으
> 로 승인되리라는 것이다(F. Sibert, T. Peterson, W. Shuramm,
> 1956: 67).

이러한 이념의 기본적인 전제조건을 통찰력 있게 살펴보
면 진리, 또는 사물의 진실이란 다양한 의견들이 서로 경쟁
하고 충돌하는 과정에서 상대적으로 진리 가능성이 높은 의
견이 선택된다는 것을 의미한다. 이는 진리가 개인의 산물
이라기보다는 집합적이고 사회적인 산물이라는 점을 명백
히 한다. 왜냐하면 진리는, 비록 특정한 의견을 표현하는 행
위가 개인적 산물일지라도 개인적인 의견들을 공개시장에

서 비교하고 승인받는 과정이 사회적이기 때문이다.

여기서 한 가지 중요한 사실은 이념의 전제조건이 인간의 이성을 신뢰하면서도 이성의 오류 가능성을 인정하고 있다는 점이다. 이는 매우 현실적인 가정인데, 한 사회의 어느 누구도 절대적인 확실성과 무오류성에 기반하여 진리를 독점할 수 없기 때문이다. 특히 자본주의사회처럼 급변하는 현실에서는 진리란 고정된 것이라기보다는 언제나 변화한다는 점에서 더욱 그러하다.

특정한 개인의 의견, 즉 하나의 의견이 절대적인 진리일 수 없고 항상 오류에 빠질 수 있는 조건에서 진리를 확보할 수 있는 유일한 방법은, 공공의 장소에서 의견들을 비교하거나 또는 상호 비판하며 부분적인 오류를 교정하여 진리에 다가가는 방식이다. 그리고 자본주의사회에서는 '사상의 공개 시장(the open market place of ideas)'이 그러한 기능과 역할을 하는 장소이다.

'사상의 자유로운 공개시장'과 그것의 '자동조정과정(self-righting process)'은 표현의 자유로운 유통에 초점을 맞춘 표현의 자유 이념의 핵심이다. 이외의 다른 가정들, 즉 '인간이 진리를 알기 원하고 진리에 따르려고 한다'나 '의견을 표현하는 데 상호 관용적이어야 한다'거나 '의견들 중 가장 합리적인 의견이 승인받는다'라는 이념의 가정들은 인간의 이성에 대한 신뢰를 보여주는 명제이다. 그럴 경우, 베커가 언급한 이념의 가정들은 인간이 이성적으로 행동하는 한, 사상의 자유로운 공개시장을 형성하면 사회적으로 최선의 의견에 도달할 수 있다는 점을 강조하고 있다고 하겠다.

표현의 자유 이념, 그것이 원활하게 작동하기 위해서는 우선적으로 사회구성원 모두가 인간을 신뢰하고, 타인의 의견을 존중할 줄 아는 관용을 가져야 한다. 그렇지 않고 인간에 대한 불신과 독단으로 타인의 의견을 묵살하기만 한다면 표현의 자유가 상정하는 바람직한 성과는 얻을 수 없을 것이다. 예컨대 마광수가 『즐거운 사라』를 변호하며 "문학이 권선징악이나 도덕적 설교에서 벗어나 사회적인 일탈이나 불륜 등을 있는 그대로 보여주고, 판단은 독자에게 맡기는 20세기적 경향을 충실히 따랐을 뿐이고, 이것이 한국 문학의 발전에도 도움이 된다고 믿는다"라거나 장정일이 『내게 거짓말을 해봐』를 자평하며 "이 작품의 주제인 자기모멸이란, 진실의 은폐와 고착된 권위에 의한 억압이 현존하는 현실 세계에 대한 풍자로서 소설을 썼다"라거나 서갑숙이 자신의 에세이집을 "돈이나 공명심으로 쓴 것이 아니다"라고 진술한 내용을 우리는 믿어줄 수 있어야 한다(≪서울신문≫ 1994.06.04; ≪한겨레≫ 1997.07.26; ≪국민일보≫ 1999.10.26). 그러한 진술을 신뢰해야 상호간에 대화와 토론이 집중적으로 이루어질 수 있고, 궁극적으로 진실을 규명할 수 있기 때문이다.

그러나 인간에 대한 신뢰와 타인의 의견에 대한 존중이 결코 쉬운 일이 아니다. 마광수와 장정일의 구속에서 보듯이 그들의 입장이 법원의 판결에 별다른 영향을 미치지 못하였다. 또한 한국 사회의 문제점 중 하나로 토론 문화가 제대로 형성되지 않았다는 점이 언제나 지적된다는 사실을 감안한다면 우리 사회는 아직까지 계몽주의가 언급한 전제들을 실천할 만큼 성숙한 사회가 아니다.

한 가지 명심해야 할 점은 불신과 독단은 반드시 또 다른 불신과 독단을 불러일으키고, 사회 전반에까지 그러한 행위를 키우는 경향이 있다는 점이다. 한국 사회에서 토론문화가 제대로 정착되지 않는 가장 주요한 이유는 계층간, 여야간, 세대간, 이념간 그리고 지역간 등 사회의 각 행위주체들간에 불신으로 가득 차 있기 때문이다. 그러할 때 시장에서 자유롭게 서로의 의견을 제시하고, 상호 논쟁하고, 진술을 비교하며 보다 정확한 지식을 사회적 합의로 이끄는 표현의 자유의 원리는 제대로 작동하지 않는다.

또한 표현의 자유를 통해 바람직한 성과를 산출하려면 표현물을 위한 자유로운 공개시장과 그 시장의 자정기능을 인정해야 한다. 공식적이고 공개적으로 표현물들이 시장에서 거래되고 유통되면 서로 다른 전제와 논리를 가진 진술들은 마찰을 빚거나 충돌하고, 전제의 진실성과 논리의 적합성을 사회적으로 평가받을 수 있는 기회를 가질 수 있다.

그럴 경우 전제의 진실성과 논리의 적합성이 떨어지는 주장이 점점 사회적 영향력을 상실하게 되고 진실성과 적합성이 강한 진술들은 영향력을 점점 확보할 것이다.

물론 지배권력이나 사회적 영향력이 높은 거대 언론사들이 이러한 시장의 자정기능을 왜곡시키거나 굴절시킬 수 있고, 현실 또한 그렇다. 하지만 최소한 표현물을 자유롭게 유통시킨다면 장기적으로는 진리에 보다 가까운 진술들이 채택될 가능성이 높다. 거짓과 위선이 단기적으로 사회구성원을 설득시킬 수 있지만 장기적으로 효력을 상실할 수밖에 없는 반면에 진리는 언젠가는 빛을 발하기 때문이다.

사실상 지배권력이 검열을 통해 특정한 표현물의 유통을 제약하려고 하는 목적은 그러한 표현물이 진리로 드러나는 점을 두려워하기 때문이다. 그렇지 않다면 그동안의 역사를 보더라도 지배권력이 자신들의 이해관계를 통렬하게 비판하는 표현물에 대해 검열을 행할 이유가 없다. 따라서 표현물에 대한 자유로운 유통을 보장하면 비록 지배권력에게는 크나큰 피해가 올지라도 사회 전체로는 민주주의가 신장되고 개인의 권리가 향상되는 등 바람직한 성과를 확보할 수 있는 것이다.

다시 한번 강조하지만 정치권력이 특정 의견들을 검열하거나 통제하는 행위는 사상의 자유로운 공개시장을 제약하는 일이고, 그 결과 시장의 자정기능이 미흡하게 작동되어 최선의 결과를 얻지 못한다. 우리가 사회에 대해 정확하게 인식할 수 있는 최선의 방법은 사회구성원들이 자신의 삶에서 느낀 바를 솔직하게 표현하고, 이러한 표현물을 자유롭게 유통시키는 일뿐이다. 아무리 법으로 동성애나 혼음, 오럴섹스 그리고 성인과 미성년자의 성행위를 묘사한 표현물을 검열한다고 하더라도 한국 사회에 그러한 행위들이 사라지지는 않는다. 존재하는 현실을 표현하지 않는다고 그러한 현실이 사라질 것이라고 판단한다면 이는 참으로 어이없는 생각이다. 차라리 그러한 표현물을 시장에서 자유롭게 유통시키며 그러한 현실이 왜 발생하고, 우리 사회가 어떻게 대처해야 하는가를 공개적으로 토론하는 것이 훨씬 바람직한 결과를 양산할 수 있다.

표현의 자유와 그 원리란 베커가 잘 묘사했듯이 너무나 간단한 내용이다. 인간을 신뢰하고, 타인의 의견을 관용으로 대하며 표현물을 자유롭게 시장에서 유통시키라는 내용이 전부이기 때문이다. 그럼에도 불구하고 역사 속에서 이 간단한 내용이 완전하게 지켜진 적이 단 한번도 없다는 사실은 이 사회가 통제와 검열을 얼마나 쉽게 용인하고 있는지를 잘 알 수 있게 한다.

문제는 자신들의 이해관계에 맞추어 사회에 영향력을 행사하려는 권력자들에게 있다. 비단 정치권력뿐만 아니라 사회의 모든 권력집단, 심지어 표현의 자유 이념의 수혜자들인 동시에 시장을 지배하며 특권을 누리려는 언론사들 역시 사상의 자유로운 공개시장을 제약하고 있다. 이렇듯 사상의 자유시장에 개입하는 권력집단이 어떠한 부류일지라도 의견의 제약과 왜곡을 야기하는 한, 사회적으로 최선의 결과를 생산할 수 없다.

표현의 자유는 비록 간단한 원리이지만 우리가 반드시 지향해야 할 가치이다. 표현의 자유가 미래의 어느 시점에 완성될지를 정확하게 알 수 없지만 명백한 사실은 우리가 상당 기간 밀턴이나 밀처럼 표현의 자유를 위해 헌신적인 투쟁을 계속 해야 한다는 점이다. 그리고 이는 지배권력과의 끊임없는 투쟁의 성격을 갖는다고 할 수 있다. 아마도 권력이 역사에서 사라지는 날, 그날이 민주주의와 표현의 자유의 완성을 공표하는 날일 것이다.

제3장 성 표현물

그 비판 논리와 문제점

"성 표현물에 대한 비판 논리들은
결코 검열을 정당화할 수 있는 근거를
갖고 있지 못하다."

제3장 성 표현물

그 비판 논리와 문제점

"성 표현물에 대한 비판 논리들은
결코 검열을 정당화할 수 있는 근거를
갖고 있지 못하다."

1. 비판에 앞서

1992년 마광수의 『즐거운 사라』로부터 2000년 1월 영화 <거짓말>까지 근 10년간 성 표현을 파격적으로 묘사한 문화산물이 출현하여 사회적 논란이 발생하면 언제나 도덕의 논리와 성 의식의 변화라는 논리가 대립하곤 하였다. 전자가 보수적인 시각에서 현상에 접근했다면 후자는 미래의 변화에 기초하여 현상을 해석하였다.

양자 중 어떠한 논리가 보다 진리에 가까운가를 논하기에 앞서, 과거적 시각과 미래적 시각의 대립은 한 사회에서 매우 당연하면서도 바람직한 일이라고 할 수 있다. 변화의 와중에서 가치가 재정립되기 위해서는 한번쯤 다양한 시각에서 사회적 논의를 해보는 일이 반드시 필요하기 때문이다. 특히 파격적인 성행위 묘사처럼 도덕적인, 동시에 문화적인 충격을 가져올 수 있는 사안들은 더욱 그러하다.

사실상 파격적인 성행위 묘사에 대해 도덕이나 윤리와 같은 보수적인 가치로 비판하는 행위는 어느 사회에서나 발생하는 보편적 현상이다. 도덕과 윤리가 인간의 행위를 상당 부분 결정하는 문화적 구성물인 한, 사회구성원들은 그러한 도덕과 윤리와 배치되는 성적 표현물이 출현했을 때 대단히 비판적인 태도와 의견을 보이기가 쉽기 때문이다. 사디즘(Sadism), 곧 '가학적 음란증'이란 용어를 발생시킬 정도로 파격적이었던 사드(Marquisde Sade)의 소설 『소돔 120일』이 발표된 후 발생한 서구 사회의 비판적 태도나, 엽기적인 성행위를 묘사해 파문을 일으킨 영화 <감각의 제국>에 대한 일본 사회의 비판적 태도, 그리고 『즐거운 사라』와 『내게 거짓말을 해봐』의 출간과 함께 보여지는 한국 사회의 비판적 태도 등이 대표적인 예일 것이다.

그러나 도덕의 논리에 기반한 과거적 시각, 곧 한 사회의 지배적인 가치라고 할 수 있는 시각이 사회적 토론과 논쟁보다는 검찰의 통제와 같은 행위를 유발하거나 원한다면 이는 표현의 자유를 억압하는 결과를 야기하므로 단호히 배격되어야 할 행태이다. 다시 말해 표현의 자유라는 측면에서 토론과 논쟁을 촉진시키는 의견은 사회적으로 언제나 존중받고 인정받을 수 있지만 어떤 특정한 의견을 사회적으로 억압하고 통제하려는 의도를 가진 의견은 대단히 위험스럽고 우려할 만하다.

필자는 성 표현물에 대한 도덕의 논리나 성 의식의 변화논리, 그 자체보다는 도덕의 논리가 과연 검찰의 사법 처리나 검열을 정당화할 수 있는 근거를 제시하고 있는가에 관심을 갖고 있다. 또한 검찰이나 법원 등이 사법 처리의 근거로 삼고 있는 '음란물'이란 법적 규정의 문제점에 관심을 갖고 있다. 이러한 관심을 통하여 어떠한 논리도 성 표현물의 자유로운 유통을 제약할 수 있는 정당한 근거를 제시하고 있지 못함을 확인하고자 한다. 따라서 앞으로 전개될 내용은 보수적 시각에서 성 표현물을 비판하는 글과 검찰과 법원의 논리를 주요한 분석대상으로 삼아 전면적으로 비판하는 것이 될 것이다. 미래적 시각에서 접근한 성 의식의 변화논리는 내용과 논리상 표현의 자유를 억압하는 문제와 상관이 없기 때문에 비판의 대상에서 제외하였다. 그러나 필자의 논거를 강화할 수 있는 내용이라면 인용을 통해 비판에 적극 활용하였다.

필자가 1994년부터 2000년까지, 즉 마광수의 『즐거운 사라』부터 영화 <거짓말>까지 신문지상에 나타난, 사회적 논란을 불러일으킨 작품들에 대한 보수적 시각의 글과 검찰의 주장을 분석한 결과 '음란성', '상업주의' 그리고 '청소년 보호' 등 세 가지의 비교적 단순한 논리적 근거를 가지고 있었다. 그러므로 비판은 앞으로 이러한 세 가지 근거가 표현의 자유를 억압하는 일을 정당화하지 못한다는 사실을 밝히는 데 치중할 것이다.

한편 인터넷으로 지난 7년간의 사건들에 대한 신문기사들을 검색한 결과, 생각보다는 도덕의 논리에 기반한 보수적 시각의 글들이 그리 많지 않았다. 차라리 표현의 자유를 옹호하고 민간의 자정능력을 강조하는 기사들이 질적으로나 양적으로나 압도적이었다. 이는 한국의 문화부 기자들이 개별 신문사가 지향하는 보수적, 심지어 극우적인 정치적 입장과는 다른 진보적 시각을 갖고 있기 때문인 것으로 추정된다.

2. 성 표현물과 음란성

'음란성'이라는 개념은 성적 표현에 대한 억압을 정당화하는 핵심 근거라고 할 수 있다. 마광수와 장정일 등이 파격적인 성 표현으로 사법부의 심판을 받은 이유가 음란물을 제조했다는 죄목 때문이었다. 또한 서갑숙의 자서전적 에세이와 영화 <거짓말>도 사회적 논란이 발생한 후 '음란성이 존재하느냐'라는 검찰의 판단에 직면했고, 양자 모두 음란성이 없다는 판단을 받아 법적 처벌을 피할 수 있었다. 음란성이 표현의 자유를 억압하는 핵심 근거라는 사실은 마광수와 장정일 등을 사법 처리한 법정의 모습을 그린 다음과 같은 기사들을 읽어보면 쉽게 알 수 있다.

'문학이냐 외설이냐'를 놓고 3년여 동안 논란을 빚어온 연세대 마광수 교수의 소설 『즐거운 사라』는 2라운드 법정 공방에서도 결국 외설 쪽으로 결론이 났다. 서울형사지법 항소1부(재판장 박인호 부장판사)는 13일 마 피고인에게 음란문서 제조죄 등을 적용, 1심과 똑같은 징역 8월에 집행유예 2년을 선고했다.

이번 판결은 검찰과 변호인 측이 공동 또는 단독으로 지정한 문학 및 법률 분야의 권위자들로부터 감정을 거치는 과정에서 더욱 관심을 끌었다. 이번 법정 공방은 최고심인 대법원의 판단을 남겨놓고 있지만 항소심 재판부가 "이 시대 사람들이 간직하고 있는 건전한 사회통념에 비추어 이 소설을 형법상의 음란물에서 제외시키는 것은 시기상조"라고 밝혀 '사회통념'을 중요시하는 대법원이 항소심의 판결취지를 뒤집을 가능성은 희박한 것으로 보인다.

재판부는 이날 판결문에서 "이 소설의 주조를 이루는 노골적이고 상세한 성행위 묘사는 일반인들의 성적 수치심을 자극, 인간의 성행위 자체에 대한 혐오감과 불쾌감을 불러일으키는 것으로 보인다"고 밝혔다. 이는 이 소설이 문학적 가치가 없는 음란물이라고 평가한 서울대 안경환 교수(법학) 및 서강대 이태동 교수(영문학)의 감정결과를 받아들이고 무죄

취지의 의견을 낸 고려대 민용태 교수(스페인문학)와 소설가 하일지씨, 신경전문의 신승철 박사의 감정은 배척한 것이다.

　재판부는 '음란'이라는 개념 자체가 추상적이어서 죄형법정주의에 어긋난다는 주장에 대해서는 "음란성은 다른 범죄의 구성요건에 비해 명확성이 떨어지는 것은 사실이지만 그렇다고 죄형 법정주의에 반하는 것은 아니다"고 밝혔다(≪동아일보≫ 1994.07.14).

　법원이 외설시비를 일으킨 소설 『내게 거짓말을 해봐』의 작가 장정일씨에게 징역 10월의 실형 선고를 내리고 법정구속, 법조계와 문학계에 적잖은 파문이 일고 있다. 법원은 1월 검찰이 청구한 구속영장을 "도주와 증거인멸의 우려가 없다"는 이유로 기각하고 불구속상태에서 재판을 진행했기 때문에 장씨의 법정구속은 다소 뜻밖의 결과이다. 서울지법 김형진 판사는 뜨거운 논쟁을 몰고 왔던 장씨의 소설을 음란물로 판정했다. 김 판사는 또 "반성의 기미가 없고 음란성 소설을 쓰는 다른 작가들에게도 경종을 울리기 위해 장씨를 법정 구속했다"고 밝혔다(≪한국일보≫ 1997.05.31).

신문기사에 분명하게 나타나 있듯이 마광수와 장정일은 자신의 저작들이 음란물로 판결받음으로써 '음란물 제조'라는 형법을 위반한 것으로 처리되었다. 그리고 그들은 소설가라는 한 사회의 대표적인 지식인이라기보다는 음란물이나 제작하는 파렴치범으로 몰렸다. 아울러 이들의 책을 출간한 출판사 청하와 김영사의 관계자는 음란물을 배포했다는 죄명으로 사법처리되었다.

현재 형법 243조, 244조 그리고 245조는 음란물을 제조하고 배포하는 행위에 대한 법적 처벌을 성문화하고 있다. 243조는 '음란한 도서, 도화, 필름, 기타 물건을 반포, 판매, 임대하거나 전시 또는 상영자를 처벌한다'고 규정하고, 244조는 '전조의 행위를 목적으로 음란한 물건을 제조, 소지, 수입 또는 수출한 자를 처벌한다'라고 규정하고 있다. 그리고 245조는 '음란한 행위를 공연한 자를 처벌한다'라고 정하고 있다.

이렇듯 음란물의 생산과 유통을 제약하는 법이 존재한다면 어떠한 표현물이라도 음란물로 규정받을 경우 곧바로 사법적 판결을 받을 수밖에 없다. 법이란 한 사회의 행위를 구조적으로 제약하는 체계로서 법의 허용 범위를 넘어서는 행위를 철저하게 통제하기 때문이다.

표현의 자유 측면에서 음란물에 대한 법이 존재한다는 의미는 성적 표현에 대한 결정적인 제약일 뿐만 아니라, 음란물 역시 사회현상을 반영하는 표현물임에도 불구하고 사회적으로 하나의 표현으로 인정받지 못하는 결과를 낳는다. 그래서 한국 사회에서는 마광수의 『즐거운 사라』부터 영화 <거짓말>까지 소설과 연극, 영화, 만화 등에 있어서 포로노물과 거리가 먼 작품들이 음란물로 규정받아 법적 통제를 받아왔고, 완전한 포르노물은 표현의 자유 측면에서 아예

사회적 논란거리조차 되지 않고 있다. "포르노도 하나의 표현으로서 보호받을 권리가 있다"고 주장한 미국의 ≪허슬러≫ 발행인인 래리 플린트의 사례와 비교한다면 한국 사회는 서구에 비해 표현의 자유에 대한 논의의 수준이 한 차원 정도 떨어진다고 할 수 있다.

현재 한국 사회에서 표현의 자유에 대한 논의의 수준은 소설, 연극, 영화, 만화 등 공식적인 대중매체에서 나타나는 성 표현의 문제에 치중되어 있다. 그래서 언론은 음란성에 대한 검찰의 법 적용에 대응하여 음란성 기준이 추상적이고 애매하다는 이유로 자의적인 성격이 강하다는 논리를 강조하고 있다. 다시 말해 음란성이란 판결의 객관성을 확보할 수 있을 정도로 명확하게 규정될 수 없는 개념이고, 그에 따라 법의 적용에 있어서 일관성을 상실한다는 의미이다. 예컨대 <감각의 제국>이나 <샤만카>와 같은 영화가 <거짓말>보다 성 묘사의 파격에서 더하면 더했지 덜하지 않음에도 불구하고 <거짓말>만이 사법부의 판결을 받아야 한다는 것이다. 또한 서갑숙의 자서전적 에세이가 음란성 여부에 대한 검찰의 판단을 피할 수 없었음에도 불구하고 그에 못지않게 파격적인 성행위를 묘사한 김지룡의 『나는 솔직하게 살고 싶다』에 대해서는 검찰의 개입은커녕 사회적 논란도 없이 넘어갔다는 것이다.

그러나 언론이 음란성의 애매함과 검찰의 자의적인 법

적용에 비판의 초점을 맞춘 일은 분명히 타당하고 정당한 비판이기는 하지만 표현의 자유를 극대화한다는 측면에서는 소극적인 비판에 불과하다. 표현의 자유를 극대화하려면 바로 포르노와 같은 완전한 음란물 또한 하나의 표현으로 인정받는 동시에 헌법으로부터 보호받을 권리가 있다고 주장해야 한다는 의미이다. 검찰이 음란성을 빌미로 한 법 조항을 폭넓게 적용한다고 하더라도 법 조항이 폐지되지 않는 한 도덕적 논리에 기반한 법 조항의 희생물은 반드시 발생하게 되는 것이다. 단적으로 말해 음란물에 대한 법적 규정은 표현의 자유를 극대화하는 일을 제약하는 사회적 장치이다.

그러면 '음란성'이라는 기준의 문제점에 대해 본격적으로 논의해보기로 하자. 음란성이라는 기준은 그 의미가 애매모호할 뿐만 아니라, 인간에 대한 단순하고 유치한 가정을 전제로 하고 있으며 '행위'가 아니라 '행위에 대한 표현'을 통제하는 우스꽝스러운 양태를 보이고 있다.

3. 음란성 기준의 문제점

법적으로 음란물을 제조하고 유통하는 행위를 처벌한다는 것은 긍정적인 측면에서 보자면 공권력으로 음란물의 생산과 유통, 소비 등을 제약하여 한 사회의 도덕과 풍속 문화를 건전한 방향에서 유지한다는 사회적 의미를 내포하고 있다. 대부분의 사회구성원들이 동의하고 실천적으로 따르는 도덕과 풍속을 계속 유지하기 위해 검찰이 그러한 도덕과 풍속을 위협할 수 있는 표현물의 생산을 억제하며 도덕의 파수꾼으로서의 사회적 역할과 책임을 다하겠다는 것이다. 이러한 검찰의 행위는 충분히 이해할 만하고, 일정 부분 사회적 동의를 받고 있다.

그러나 검찰이 사회적 비판을 받지 않고 도덕의 파수꾼이라는 사회적 역할을 하려면 사회변화와 그에 따른 가치의 변화가 없는 대단히 정태적인 사회에서나 가능하다. 봉건적인 촌락사회처럼 삶의 존재양식과 가치의 변화가 거의 없는 사회에서나 검찰이 도덕의 파수꾼 역할을 하더라도 무리한 일이 아니라는 의미이다. 하지만 자본주의사회처럼 물적 생활과 가치의 변화가 일상적으로 실현되는 역동적인 사회에서는 기존의 도덕적 가치만을 고집하는 행위란 사회에 기능적이라기보다는 역기능적인 것에 불과하다. 그런 사회에서 검찰의 파수꾼 행위란 새로운 가치가 기존의 가치를 대체하고, 아니 대체할 수밖에 없는 필연성을 억제하는, 달리 말해 좀 거창하게 말한다면 역사에 반하는 행위이기 때문이다. 그리고 검찰은 설령 성적 표현물을 통제한다고 하더라도 실제적으로 물적 환경과 가치의 변화를 막을 수도 없다. 단적인 예로 1996년 『내게 거짓말을 해봐』의 음란성을 문제삼아 장정일을 구속했지만 1999년에 그 작품을 영상화한 영화 <거짓말>이 제작되었다. 독자의 상상력에 의존하는 소설보다 감각의 직접성을 더 느낄 수 있는 영상물이 나왔음에도 불구하고 검찰은 영화 <거짓말>을 1996년만큼 과감하게 사법처리할 수 없었다. 단 3년의 시간이 흐르는 동안 미묘하지만 분명한 가치의 변화가 한국 사회 속에 굳건히 자리잡았다고 하겠다. 이렇게 3년이 지나면 해결될 수 있는 일을, 검찰이 무리하게 장정일이라는 작가를 범죄자로 처리해 무엇을 얻었다는 것인가? 얻은 것은 작가를 파렴치범으로 낙인찍은 것이고, 잃은 것은 표현의 자유를 억압했다는 사실을 장구한 역사 속에 길이 남겨 검찰의 명예를 훼손한 일일 것이다.

물론 검찰이라고 해서 물적 환경과 가치에 있어서 자본주의사회의 급격한 변화와 그 방향을 인식하고 있지 못한 것은 아니다. 그들 또한 비록 직업상 보수적일 수밖에 없기는 하지만 한 사회의 주요한 지식인들로서 변화의 양태를 정확하게 인식하고 있다. 문제는 음란물의 생산과 유통을 제한하는 법 조항이 존재하는 한 법 규정을 철저하게 지켜야 할 검찰은 언제나 사회변화에 대한 자신의 인식과 무관하게 법 규정을 따라야 한다는 점이다. 다시 말해 검찰은 사회변화에 대한 인식과 법 조항의 괴리를 경험하며 살아가야 할 운명에 처해 있다고 하겠다. 개인적 인식과 법 조항의 괴리로부터 필연적으로 나오는 검찰의 곤혹스러운 모습은 다음과 같은 신문 기사에 잘 묘사되어 있다.

"흐르는 물결을 막을 수는 없지만 수위조절은 필요한 것 아닙니까?" 지난해 말 탤런트 서갑숙씨의 자전적인 성체험 수기 『나도 때론 포르노그라피의 주인공이고 싶다』에 대해 당시 한 검사가 수사의 명분으로 내세웠던 것은 검찰의 '수위조절론'이었다. 인터넷 보급의 확산과 함께 외국의 개방적인 성문화가 이미 통제 불가능할 정도로 국내에 들어와 있긴 하지만, 우리 고유의 성 풍속과 도덕이 급격히 붕괴되는 것을 막기 위한 '임시제방'은 필요하다는 것이다. 지난 1월 18세 여고생과 40대 조각가의 충격적인 변태성애를 그린 영화 <거짓말>이 시민단체에 의해 고발됐을 때도 검찰이 내세웠던 것은 임시제방론이었다.

그러나 검찰은 사건이 고발된 지 2개월이 지나도록 <거짓말>의 음란성에 대해 판단을 내리지 못하고 있다. 그 사이 <거짓말>은 이미 전국 100여 개 상영관에서 80만 명이 관람한 '대박'이 돼버렸고 최근에는 엽기적 성행위 장면을 묘사한 일본 영화 <감각의 제국>도 상영이 허가됐다. 임시제방으로서 검찰의 역할은 사실상 의미가 없어져버린 것이다. 검찰 관계자는 이에 대해 "관객들 중 80%가 '거짓말'에 대해 상업적 포르노에 가깝다는 의견을 보이고 있지만 문화예술계에서는 거꾸로 시대착오적인 결정을 내리지 말아달라고 부탁하고 있다"며 고민을 털어놨다. 찬반양론이 팽팽히 엇갈리고 있는 만큼 단시일내에 결정을 내리기는 현실적으로 어렵다는 것이다. 검찰의 한 고위간부는 "영상물등급위가 책임질 사안을 왜 검찰이 떠안아야 하는지 모르겠다"며 뉴밀레니엄 벽두부터 검찰을 외설논쟁에 휘말리게 만든 고발인들을 원망하는 반응을 보이기도 했다(≪경향신문≫ 2000.02.25).

신문 기사에 잘 나타나 있듯이 검찰은 성 의식과 표현에 관한 역사의 흐름을 정확하게 인식하고 있다. 수위조절론은 역사의 흐름을 인식함에도 불구하고 고발이 들어옴에 따라 수사해야 하는 검찰의 모순적 위치를 잘 대변할 뿐 아니라 단지 수사를 합리화하려는 궁색한 변명이기도 하다. 더욱이 마광수와 장정일에 대한 과거의 과감한 사법 처리로 인해 검찰은 곤혹스러움에 빠져 있음에도 불구하고 사회적 동정마저 받지 못하고 있다.

한편 음란물의 생산과 유통을 법 조항으로 통제하는 가장 큰 문제 중 하나는 '음란한 행위'가 아니라 '음란한 행위에 대한 표현'을 통제하는, 다소 이상한 방식의 사회적 통제라는 점이다. 논리가 아닌 상식으로 보더라도 음란한 행위를 표현하는 일보다 실제 음란한 행위를 하는 일이 사회적으로 더 큰 문제이고, 도덕과 풍속을 결정적으로 훼손하고 있기 때문이다.

음란한 행위를 표현하는 일은 현실화되지 않은 음란한 행위이므로 인간의 상상과 의식에 영향을 미칠 수 있지만 결코 도덕과 풍속을 직접적으로 훼손한 것이라고 할 수 없다. 그러나 실제 음란한 행위를 한 일은 행위와 함께 곧바로 도덕과 풍속을 침해한 것에 다름아니다. 그럴 경우, 도덕과 풍속을 견고하게 지키려고 하는 검찰은 음란물보다는 음란한 행위를 한 사람을 법적으로 처벌하는 것이 올바르다고 하겠다. 다시 말해 반도덕적인 풍속사범은 작가가 아니라 음란한 행위자라야 법의 취지에 맞다는 뜻이다. 또는 작가를 풍속사범으로 처리한다 할지라도 음란한 행위자보다 형량이 적은 처벌을 받아야 마땅한 것이다. 그럼에도 불구하고 음란한 행위자가 법적인 처벌은커녕 당당하게 사회에서 살아가고, 음란한 성행위를 표현한 작가만 처벌을 받는다면 이는 참으로 불공정한 처리방식이라고 해야 할 것이다. 그리고 음란한 성행위를 표현했다고 범죄자로 판결받은 작가들은 검찰과 법원에 항의해야 한다. 진정으로 도덕과 풍속을 해친 음란한 행위자를 구속해서 자신들보다 더 많은 형량으로 처벌하라고 말이다.

원래 중세 봉건주의사회에서 음란성과 관련된 법 조항과 같은 사회적 기능을 했던, 일종의 불문율이라고 할 수 있는 도덕적 규범은 음란한 성행위에 대해서, 예컨대 오럴섹스를 하면 7년 동안 징역을 살게 할 정도로 무겁게 처벌하였고, 자위행위에 대해서도 불결한 행위로 용납하지 않는 등, 실제로 음란한 행위를 직접적으로 처벌하였다. 당시의 성 관념과 의식상, 오럴섹스나 자위행위란 도덕적 규범에 어긋나는 음란한 성행위이기 때문이다. 그리고 중요한 것은 음란한 표현물뿐 아니라 음란한 행위 그 자체를 사회적으로 처벌한 일이다. 이는 음란한 표현물을 처벌하면서도 음란한 행위를 용납하는 한국 사회의 통제방식보다 논리적으로나 상식적으로 충분히 이해할 만하고 일관성 있는 행위이다. 비록 오럴섹스나 자위행위를 금지하는 일이 현대적인 성 관념에 비추어보면 다소 우스꽝스러운 일일지라도 말이다.

따라서 음란한 행위에 대한 법적 조항과 처벌 없이 단지 음란한 행위를 묘사한 표현물만을 금지의 대상으로 하는 법적 체계는 논리와 실효성의 측면에서 대단히 문제가 많다. 특히 음란물을 제약하는 법 조항의 존재 목적과 이유가 사회적으로 음란한 행위를 통제하여 도덕과 풍속을 지키는 일이라는 점을 감안한다면 실제 음란한 행위를 제약하는 데 실효성이 없는 그러한 법 조항은 존재할 가치와 필요가 없다고 하겠다. 법 조항의 실효성이 없다면 이미 법 조항으로서 사회적 역할을 제대로 할 수 없기 때문이다. 게다가 실효성도 없는 법 조항이 표현의 자유만 억압하는 역기능적 요소에 불과하다면 더욱 그러하다.

그렇다면 왜 검찰은 음란한 행위를 묘사한 표현물과는 달리 음란한 행위, 그 자체를 처벌하지 못하는가? 중세시대에는 도덕이라는 불문율로 음란한 행위를 처벌했음에도 불구하고 왜 자본주의사회에서는 법이라는 성문율로 음란한 행위를 처벌하지 못하는가?

답부터 말한다면 성행위는 자본주의사회가 출현한 이후 공적인 영역의 통제를 받는 행위가 아니라 개인들이 자유의지를 갖고 자유롭게 행위하는 사적인 영역의 행위로 전환되었기 때문이다. 그에 따라 공적인 영역의 사회적 행위를 통제하는 법은 음란한 성행위를 통제할 수 있는 법적 근거인 법 조항을 포함할 수 없기 때문에 실제적인 처벌을 할 수 없게 되었다.

봉건주의사회는 사회구성원들이 수대에 걸쳐 하나의 촌락에서 함께 협력하며 살아가는 정태적인 사회였기 때문에 공적인 영역과 사적인 영역의 구분이 필요 없는 공동체사회였다. 그래서 성문화된 법 없이 불문율인 도덕만으로도 공동체를 유지하는 데 위협이 될 수 있다고 판단되는 행위와 가치들, 예컨대 당시로서는 용납될 수 없었던, 공동체보다 개인을 중시하는 이기심이나 오럴섹스, 자위와 같은 성행위를 사회적으로 통제할 수 있었다. 그러나 시장경제에 기반한 자본주의사회는 개인의 이기를 바탕으로 이질적인 타인이 함께 살아가는 변화무쌍한 역동적인 사회이기 때문에 봉건주의사회에서 공적인 성격을 가지고 통제되던 많은 행위들이 개인의 사적 영역, 즉 개인의 자유의지와 성숙함으로 통제되기 시작하였다. 특히 은밀할 수밖에 없는 행위의 속성상 공적으로 통제하기 어려운 성행위는 자본주의사회의 성립과 함께 가장 먼저 개인의 사적인 영역으로 전환되었음은 물론이다. 따라서 공적인 영역의 행위들을 통제하는 성문화된 법은 개인의 사적 영역인 성행위, 그것이 사회적 통념상 용납되기 어려운 파격적인 성행위일지라도 처벌할 수 없게 된 것이다.

그러할 때 만약 중세시대처럼 현대 사회에서 법이 사적인 영역의 행위로 완전히 굳어진 성행위를 파격적이고 음란하다는 이유로 처벌한다면 이를 허용하고 납득할 사회구성원은 거의 없다고 해야 할 것이다. 예컨대 검찰이 특정인을 오럴섹스나 집단 섹스를 한 죄명으로 구속을 하거나 동성애자들을 사법 처리한다면 엄청난 사회적 반발이 뒤따를 것은 아주 자명한 일이다. 또한 설령 그러한 법 조항이 존재할 수 있다고 하더라도 파격적이고 음란한 성행위를 명확하게 정의하기 어렵고, 그에 따라 법 적용의 자의성이 극대화될 가능성이 높아 사회적 논란이 끊이지 않을 것이다. 그러므로 음란한 성행위를 공적인 영역에서 통제한다는 것은 현대 사회에서는 있을 수 없는 난센스에 불과하다.

한편 법이 음란한 성행위를 처벌하지 못함에도 불구하고 그러한 성행위를 묘사하는 표현물을 통제할 수 있는 근거는 사적인 영역에 존재해야 할 성행위가 매스 미디어라는 공적인 영역에 '표현'이라는 형식으로 무수히 출현하고 있기 때문이다. 공적인 영역의 행위를 정당하게 통제할 수 있는 실정법은 성행위라는 사적 영역의 행위가 공적인 영역에 진출하는 순간 처벌의 근거를 마련할 수 있다는 뜻이다. 단적인 예로 사적인 공간에서 이루어져야 할 성행위가 불특정 다수인 누구에게나 목격될 수 있는 시민 광장에서 버젓이 이루어진다면 법은 풍기문란 등의 법 조항을 적용하여 성행위를 한 자들을 처벌할 수 있는 것이다. 그럴 경우 매스 미디어가 누구나 인정하는 공적인 매체인 한, 법은 성행위를 묘사한 표현물을 통제할 근거를 갖고 있다고 할 수 있다. 그러므로 공적인 영역과 사적인 영역이 구분될 수밖에 없는 자본주의사회에서는 성행위, 특히 음란한 성행위 그 자체에 대한 법적 처벌을 할 수 없음에도 불구하고 성행위에 대한 표현을 처벌할 수 있는 모순적 상황이 발생하는 것이다.

그러나 법이 성행위를 묘사하는 표현물을 통제하려고 할 경우 헌법이 보장하고 있는 표현의 자유라는 인간의 기본권과 충돌을 빚을 수밖에 없다. 성행위가 사적인 영역에 속한다고 하더라도 근본적으로 인간의 행위인 한, 어떠한 표현물이라도 성행위를 묘사할 수 있기 때문이다. 다시 말해 표현의 자유란 인간이 직접적으로나 간접적으로 경험한 삶의 모든 행위를 묘사할 수 있는 자유이므로 표현물이 성행위를 묘사하는 것은 인간의 당연한 권리일 수 있다는 의미이다. 그리고 이 때문에 자본주의사회는 사적인 영역의 성행위를 공적인 영역에서 묘사할지라도 점진적으로 그러한 표현물을 허가할 수밖에 없었다.

  현재 한국의 법은 그러한 추세를 인정하여 매스 미디어
와 같은 공적인 영역에서 성행위를 묘사해도 처벌하지 않는
다. 단 음란물에 한하여 법적 처벌을 하고 있다. 따라서 한
국의 법은 음란물에 대해서만큼은 표현의 자유를 허용하지
않고 있다고 해야 할 것이다.

  그러면 도대체 음란물이란 무엇인가? 이 정의하기 어려
운 음란물이라는 개념을, 법원의 판례는 '성욕을 자극하여
흥분시키는 동시에 일반인의 정상적인 성적 정서와 선량한
사회의 풍교를 해칠 가능성이 있는 것이 음란성'이라고 규
정하였다(≪문화일보≫ 1999.11.03). 다시 말해 법원의 판
례는 '일반인의 정상적인 성적 정서'와 '선량한 사회의 풍
교'를 기준으로 삼아 만약 이를 지키면 음란물이 아니고,
해친다면 음란물이라고 정의한 것이다. 그리고 마광수와 장
정일을 구속했을 때 법원은 그 기준의 구체적 내용을 '일반
인들의 성적 수치심을 자극하고 인간의 성행위 자체에 대한
혐오감과 불쾌감을 불러일으키는 노골적이고 상세한 성행
위 묘사(마광수의 『즐거운 사라』)'와 '보통사람이 상상할
수 없는 원색적인 표현과 변태적인 성행위(장정일의 『내게
거짓말을 해봐』)'라고 설명했다(≪동아일보≫ 1994.07.14;
≪국민일보≫ 1997.05.31). 『즐거운 사라』와 『내게 거짓
말을 해봐』에서 나타난 성 묘사가 오럴섹스, 동성애, 가학
적 성행위 등임을 감안할 때 법원은 이러한 성행위들을 아

주 자세하게 묘사한 점을 음란성에 포함된다고 판단한 것 같다. 또한 이현세의 만화 『천국의 신화』가 집단 성행위와 사람과 동물의 성행위를 묘사했다고 음란물 제조 혐의로 검찰이 수사한 점을 고려하면 이러한 성행위도 음란성에 포함된다고 하겠다.

그런데 검찰은 알몸연기를 해서 화제가 됐던 연극 <미란다>와 누드, 수영복 차림의 선정적인 사진을 실은 ≪팬트 하우스≫ 국내판에 대해서도 음란성의 범주에 포함되는 것으로 파악했다. 파격적인 성행위이기는커녕 성행위와 완전히 무관한, 단지 알몸과 누드를 묘사했다고 해서 일반인의 정상적인 성적 정서와 선량한 사회의 풍교를 해치며 성욕을 자극시켰다고 검찰은 본 것이다. 또한 정상적이건 비정상적 성행위이건 간에 포르노 자체가 음란물로 규정되는 것으로 보아 판례상에 나타난 음란성의 정의는 상당히 포괄적인 것으로 보여진다. 특히 선량한 사회의 풍교라는 하위 개념이 포르노를 비롯한 선정적 표현물을 음란성의 범주에 포함시키는 결정적 역할을 하는 것 같다.

그러나 성행위에 있어서 정상과 비정상, 그리고 선량한 풍교와 불량한 풍교라는 구분은 명확하게 규정지을 수 있는 것이 아니다. 또한 판결문에서 나타난 일반인과 보통사람의 성 관념이라는 판단 기준은 말로만 가능할 뿐, 어떻게 정확하게 추정될 수 있는가에 대해 어느 누구도 자신 있게 말할 수 없다. 그럴 경우 음란물에 대한 법의 적용은 대단히 자의적일 수밖에 없다. 예컨대 법원의 기준대로라면 음란물에 불과한 성인 에로물 비디오가 별 문제없이 사회적으로 유통됨에도 불구하고 그러한 수준의 연극 <미란다>와 한국판 ≪팬트 하우스≫는 음란물로 규정되어 유통이 금지되는 것이다. 또한 동성애를 그린 <해피 투게더>나 파격의 극치를 보이는 <감각의 제국>과 <샤만카> 등과 같은 영화는 상영되는데 <거짓말>은 음란물로 규정될 수 있는 것이다.

그리고 판례상의 정의는 말 그대로만 본다면 정상적이고 선량한 풍교를 해치지 않을 성행위에 대한 표현물, 심지어 포르노까지 허용할 수 있다는 의미를 내포하고 있다. 즉 남녀 두 사람이 정상적인 성행위를 하는 등 일반인의 성 관념에 위배되지 않는 포르노라면 음란물이 아니라고 볼 수 있다는 의미이다. 또한 성행위 이외의 누드 등과 같은 표현물은 정의대로라면 법적 처벌을 받을 필요가 없어 보인다. 물론 실제 법 적용을 보면 그렇지 않지만 말이다. 따라서 법원의 판례는 음란물에 대한 정의와 실제 현실의 적용 간에 의미의 간극이 크다고 볼 수 있고, 양자간에 그렇게 명확한 관계가 설정되어 있다고 보기 어렵다.

여하튼 음란성에 대한 정의가 어떻든지, 다시 한번 강조할 점은 비정상적이고 불량한 풍교에 해당되는 실제 성행위를 한 사람은 여전히 사법 처리의 대상이 아니라는 사실이다. 음란성에 대한 정의의 문제가 해결되더라도 검찰과 법원은 현실에서 발생하는 비정상적이고 불량한 성적 행위를 방기하면서 표현물만을 눈을 부릅뜨고 감시하는 어처구니없는 행태를 계속한다는 뜻이다. 그리고 나서 도덕의 파수꾼 역할을 다한 것처럼 의기양양해하며 법 조항의 필요성을 강조한다면 이는 너무나 무책임한 행태가 아닐 수 없다.

그러므로 실효성 없는 법 조항은 폐지되어야 한다. 음란한 행위가 아니라 음란한 행위에 대한 표현만을 문제삼는 이상한 법 조항은 그야말로 정상이 아니다. 정상이 아닌 법 조항이 어떻게 비정상적인 성행위와 불량한 풍교를 언급하고, 심지어 판결의 기준이 될 수 있단 말인가! 그리고 비정상적인 기준을 가지고 사람을 구속하고 판결을 내리는 법조인은 비록 법의 논리를 엄격히 지켰다고 하더라도 어떻게 정상일 수 있는가? 또한 인간이 만든 가장 아름다운 산물인 표현의 자유가 비정상적인 법 조항으로 유린당하고 있는 데도 무심하게 지켜만 보는 이 사회는 어떻게 정상일 수 있는가? 우리가 이 비정상을 정상으로 만드는 것은 간단하다. 바로 그 이상한 법 조항을 폐지하는 것, 이것이 유일한 그리고 진정한 해법이다.

4. 음란성의 논리적 가정

　음란한 표현물을 사회적으로 통제하고 있는 법 조항의 문제는 단지 그것만이 아니다. 법 조항이 전제하고 있는 논리적 가정은 유치하기 그지없는 단순한 것이기 때문이다. 그리고 그 논리적 가정은 다름아닌 '음란물을 보면 음란한 사람이 된다'이다.

　검찰이 법적 조항으로 음란한 표현물을 통제하는 이유는 전술한 바 있듯이 사회의 도덕과 풍속을 건전한 방향에서 유지해야 하기 때문이다. 이는 만약 음란물을 통제하지 않으면 도덕이 훼손되고 건전하지 못한 풍속이 급속도로 사회 전체에 퍼져 한 사회의 도덕적 위기와 풍속의 문란이 뒤따른다는 사고의 결론이다. 그러한 가정은 사회구성원이 음란물을 보거나 읽으면 반도덕적이고 불건전한 성행위를 한다는 논리적 전제로부터 비롯된 것이다. 따라서 음란물에 관련된 법 조항과 검찰 및 법원의 판단에는 '음란물을 보면 음란한 사람이 된다'라는 논리적 가정을 전제하고 있다고 하겠다.

　이 얼마나 유치하고 단순한 사고인가! 법조항의 논리를 따르는 검찰과 법원은 우리가 마광수의 『즐거운 사라』를 읽으면 동성연애자가 되고, 카섹스를 하고, 변태적인 성행위를 한다고 판단하는 것이다. 또한 장정일의 『내게 거짓말을 해봐』를 읽으면 여고생과 성행위를 하게 되고, 채찍으로 때리고 맞아가며 가학적인 성행위를 한다고 생각하는 것이다. 비록 음란물 판정을 받지 않았지만 우리가 서갑숙의 『나도 때론 포르노그라피의 주인공이고 싶다』를 읽으면 집단 혼음을 하고 동성애를 지향하며 오르가즘을 느끼기 위해 성기 훈련을 할 것이라고 판단한다. 그리고 다음의 일화는 이런 비난들이 검찰과 법원을 야유하기 위해 하는 말이 아니라 진정한 사실임을 잘 말해주고 있다. 장정일이 법원에서 재판을 받았을 때 당시의 판사는 "피고인은 혹시 모든 것을 다 파괴하고 변강쇠나 옹녀가 지배하는 세상을 꿈꾸는 것이 아닌가"라고 묻고, "사회파괴 뒤에 기다리는 것은 '색광지배의 사회'일지도 모르겠다"라는 격한 표현을 써가며 장정일의 유죄 선고 이유를 밝혔다(≪국민일보≫ 1997.05.31; ≪한국일보≫ 1997.05.31). 게다가 1996년 사법연수원 교수들은 우리나라 '10대 명판결' 중 하나를 변태적인 성행위와 동성연애 등을 노골적으로 묘사했다고 처벌한 마광수의 『즐거운 사라』 사건으로 채택하여 법원의 판단이 정확했음을 천명한 바 있다. 따라서 검찰과 법원은 장정일의 『내게 거짓말을 해봐』를 사회에 유통시킬 경우 색광지배의 사회가 올 것을 우려하고 있는 점을 고려할 때, 사회구성원이 그 책을 읽으면 변강쇠와 옹녀와 같은 색광(色狂)이 될 것이라고 가정하고 있는 것이다. 검찰과 법원의 이런 생각은 지성인이라면 상상조차 하기 어려운 유치한 사고라고밖에 할 수 없다. 검찰과 법원이 논리적으로 가정하고 있는 인간이란 매스 미디어에 완전히 의존하는 수동적 존재일 뿐이다. 그들이 생각하는 인간이란 소설과 잡지 등 출판물이나 영화, 연극 등 매스 미디어의 내용을 무비판적으로 충실히 따르는 유아적인 존재이기 때문이다. 그러나 그런 사람은 극히 드물다.

언론학의 주류 이론이라고 할 수 있는 미디어 효과론의 측면에서 본다면 검찰과 법원이 주장하고 있는 논리적 가정은 1940년대의 언론학 초창기에 유행했던 탄환이론(bullet theory)이나 피하주사식이론(hypodermic theory)을 연상시킨다. 이들 이론은 매스 미디어의 강효과를 상정하며 '매스 미디어가 대중에게 직접적이고 즉각적으로 강하고 획일적인 효과와 영향력을 행사한다'고 주장하였다. 마치 총을 쏘면 바로 사람이 죽거나 주사를 놓으면 즉시 효과가 나타나듯이 탄환이론과 피하주사식이론은 매스 미디어의 영향력을 대단히 강력한 것으로 설명한 것이다. 한국 사회의 검찰과 법원이 마광수와 장정일의 출판물이 유통되면 도덕이 훼손되고 성 풍속이 무너질 것이라고 판단한 점을 생각해볼 때 이는 매스 미디어 중 하나인 출판물이 대중에게 강력한 효과를 산출한다고 주장하는 것이다. 그러므로 탄환이론이나 피하주사식 이론의 설명과 동일하다고 할 수 있다.

그러나 탄환이론과 피하주사식이론은 언론학에서 이미

오래 전에 폐기된 이론이다. 언론학자라면 어느 누구도 이제 탄환이론과 피하주사식이론을 신봉하지도 않고, 매스 미디어 현상에 그 이론을 적용하지 않는다. 단지 효과론의 역사를 강의할 때나 한번쯤 설명해주는 추억의 이론에 불과하다.

탄환이론이나 피하주사식이론이 가정하고 있는 이론은, 대중이란 익명성을 가지며 이질적이고 상호고립되었으며 전통적인 사회제약을 받지 않고 매스 미디어에 절대적으로 의존하는 수동적 인간이라는 가정이 전제되고 있었다. 이러한 전제는 매우 잘못된 이론적 가정이었음에도 불구하고 당시의 이론가들은 원자화된 개인 중심의 대중사회를 문제시하며 그러한 오류를 그대로 받아들였다. 특히 이론가들은 러시아 혁명과 1, 2차 세계대전을 겪으며 매스 미디어의 선전 및 선동 기능을 확인한 후, 미디어의 효과를 실제보다 과대평가하기 시작했다.

그러나 탄환이론이나 피하주사식이론의 가정이 얼마나 비현실적인가를 규명하는 데는 긴 시간이 필요하지 않았다. 1940년대 들어와 심리학에 기반을 둔 선별효과이론과 의견지도자(opinion leader)의 역할을 강조한 이단계유통가설(two step flow model)이 나오며 매스 미디어의 효과란 탄환이론과 피하주사식이론이 설명하는 것처럼 그렇게 강력한 효과를 양산하지 않는다는 점을 명백히 했다. 특히 선별효과이론은 개인이 기존의 선유경향(predispositional factors) 등을 가지며 매스 미디어가 제공하는 정보를 굴절시킨다는 점을 강조했는데 이는 탄환이론이나 피하주사식이론이 가정하고 있는, 미디어가 자극을 주면 대중이 즉각적으로 반응한다는 논리를 전면에서 부정하는 것이다. 즉 인간은 과거에 학습해온 경험 등을 기초로 자신의 주관을 형성하며 매스 미디어가 제공하는 내용을 선별적으로 취득한다는 논지이다.

이후 매스 미디어의 효과론은 재차 강효과론으로 기울며 오늘에 이르고 있다. 그렇지만 효과론이 비록 다시 강효과이론으로 회귀되었다고 하더라도 탄환이론이나 피하주사식이론처럼 인간에 대한 단순하고 유치한 가정에 기반한 이론들이 아니다. 다시 말해 최근의 강효과이론은 수용자가 매스 미디어가 제공하는 내용을 직접적이고 즉각적으로 수용하며 태도를 변화한다고 주장하는 것이 아니라는 의미이다. 예를 들어 대표적인 강효과이론이라고 할 수 있는 의제설정이론을 '서갑숙 사건'에 적용해보자. 이 이론에 따르면 매스 미디어가 다른 책들보다 서갑숙의 『나도 때론 포르노그라피의 주인공이고 싶다』를 둘러싼 사회적 논란을 의제로 설정하며 대중에게 그 사건을 각인시키는 방식으로 강한 영향을 미친다고 설명한다. 즉 대중이 매스 미디어에 강하게 영향을 받은 것은 서갑숙의 성행위가 아니라 서갑숙이라는 사건, 그 자체이다.

그리고 매스 미디어의 선정성과 폭력성에 대해 직접적으로 연구한 논문들을 보더라도 탄환이론이나 피하주사식이론 그리고 검찰과 법원의 판단처럼 미디어의 강효과는 분명하게 드러나는 것이 아니다. 선정성과 폭력성에 관한 연구들을 면밀히 검토한 언론학자 탠은 '성적 표현물에의 노출 때문에 나타나는 성적 흥분이 저절로 반사회적 행위를 유도하지 않는다'라고 결론을 지었을 뿐 아니라 폭력성에 대해서도 '미디어의 폭력물이 실제 생활에서 나타나는 인간의 공격성을 설명하는 데 실질적이라거나 주요하다고 기대하기 어렵다'고 단정지었다(A. Tan, 1985: 297-298). 따라서 마광수와 장정일의 소설이나 포르노물들이 대중에게 악영향을 미쳐 사회의 도덕과 풍속을 해칠 것이라는 검찰과 법원의 가정은 실제 효과를 과대 평가한 것으로 단지 기우에 불과하다.

그리고 무엇보다 중요한 점은 '인간이란 기존의 경험에 따라 고착된 선유경향을 가지고 미디어의 내용을 수용한다'는 선별효과이론의 가정이 누구도 부정하기 어려운 진리라는 사실이다. 그러할 때 인간들이 가지고 있는 선유경향이란 과거의 가치, 즉 지배적인 도덕이나 풍속과 관련된 내용이고, 그에 따라 대중이 파격적인 성행위를 묘사한 표현물을 수용한다고 하더라도 비판적인 태도를 보이기 쉽다라는 것이다. 왜냐하면 기존의 도덕적 가치와 배치되는 표현물은 대중의 선유경향과 충돌하게 되어 대중에게 심리적 불일치를 유발하기 때문이다. 그리고 심리적 불일치를 경험한 대중들은 그러한 표현물을 비판하며 자신의 선유경향을 강화하는 것이 보편적인 현상이다. 그래서 영화 <거짓말>에 대한 인터넷과 PC통신상의 평가가 '수준낮은 포르노물에 불과하다'라거나 '형편없는 성인 포르노물과 차이가 없다'는 등 비판적인 경향을 보였다고 할 수 있다(≪대한매일≫ 2000.01.07). 특히 인터넷과 PC통신을 활용하는 세대가 거의 젊은 세대라는 점을 감안한다면 검찰과 법원의 판단이 얼마나 기우에 불과한지를 잘 알 수 있다. 기존의 도덕과 풍속을 파괴시킬 가능성이 높은 젊은 세대가 그토록 비판적이라면 영화 <거짓말>이 미칠 사회적 영향력이란 아주 보잘것없다고 해야 하기 때문이다. 그런 현실에서 검찰과 법원이 표현의 자유를 침해하면서까지 그러한 미비한 영향력의 영화를 음란물로 규정하여 사회적 유통을 막는다면 '빈대 잡으려고 초가삼간을 다 태우는 일'과 무슨 차이가 있겠는가!

인간이 선유경향에 따라 인지한다는 사실은 인간이 기본적으로 보수적이라는 점을 명백히 한다. 특히 도덕과 풍속과 같은 문화적 가치와 관련된 선유경향은 더욱 그러하다. 그래서 자본주의사회가 태동한 이후 도덕과 풍속이 급속도로 변화하는 것처럼 느껴지지만 새로운 가치란 언제나 일정

시간 사람들의 선유경향과 충돌하고 화해하는 시간을 거쳐야만 수용될 수 있기 때문에, 도덕과 풍속의 급격한 변화는 현실적으로 발생할 수 없는 현상이다. 다시 말해 자본주의 사회에서는 도덕과 풍속의 변화가 언제나 존재하지만 그렇다고 해서 선유경향과의 충돌 없이 단번에 변화하는 현상은 없다는 의미이다. 대중들의 선유경향은 항상 가치의 변화를 지체시키는 등 급격한 변화를 제약하는 주 요인이라고 할 수 있다. 그럴 경우 검찰과 법원은 굳이 표현의 자유를 억압하는 방식으로 음란물을 통제할 필요가 없다. 인간의 보수적인 속성상 대중은 자체적으로 새로운 가치에 대한 수위 조절을 하며 도덕과 풍속의 변화를 실현하기 때문이다.

한편 탄환이론이나 검찰과 법원이 가정하는 대로 매스미디어가 대중에게 강력한 효과를 양산하여 대중들이 음란한 표현물을 보고 음란한 사람이 된다면, 달리 말해 그 유치한 전제가 진리라고 한다면 문제는 간단하지 않다. 표현물의 효과가 강하다면 음란물만이 아니라 폭력물 등 사회에 해악을 끼칠 것으로 판단되는 모든 표현물들을 통제해야 하는 문제가 발생하기 때문이다. 특히 전쟁과 살인, 그리고 잔인한 폭력을 묘사한 표현물은 음란한 사람을 양산하는 음란물보다 사회적으로 훨씬 위험하다. 폭력물의 자유로운 유통은 그 사회를 폭력사회로 전락시킬 것이기 때문이다. 예를 들어 한 나라의 국방 통수권자인 대통령이나 전투병을 출동시킬 직접적 권한이 있는 장군들이 '징기스칸'이나 '나폴레옹' 또는 '히틀러'의 일대기를 그린 영화를 본다면 세계대전과 같은 전쟁을 도모할 수 있다는 것이다. 또한 대중들이 마피아나 야쿠자와 같은 폭력조직의 세계를 그린 영화와 텔레비전 드라마를 본다면 모두 다 현재 갖고 있는 직업을 버리고 새로운 폭력조직을 만들며 밤의 세계로 진출할지도 모른다. 그리고 최근 인기있는 장르로 확고하게 위상을 잡은 사이코 드라마들, 대표적으로 <양들의 침묵>이나 <텔미 썸딩>을 본다면 대중들은 타인을 교살하여 피부를 벗기고, 머리를 잘라 냉장고에 집어넣는 등 엽기적인 살인을 저지를 수 있다. 그럴 경우 검찰과 법원은 음란물보다는 폭력물을 보다 철저하게 통제해야 사회의 평화와 안정을 구할 수 있을 것이다.

게다가 표현물이 너무나 강력한 효과를 양산하여 우리의 삶을 결정하는 사회적 변인이라면 어디 그뿐일 수 있겠는가? 누구나 바람직한 표현물이라고 인정할 수 있는 예수의 삶을 그린 영화를 보면 모두 다 크리스천이 되고, 부처의 자비로운 삶을 묘사한 소설을 읽으면 대중들 모두가 스님이나 불교도인이 되지 않는다고 누가 장담할 수 있겠는가! 마찬가지로 부부싸움을 격하게 하는 드라마를 보면 모두 다 별일이 없음에도 불구하고 부부싸움을 해야 하고, 이혼남녀의 애정을 그린 드라마를 보면 모두가 이혼을 하며 이혼한 상대방을 찾아 표현물이 묘사한 방식으로 사랑을 구해야 할 것이다.

만약 그런 일이 정말로 벌어진다면 검찰과 법원이 할 수 있는 최선의 방법은 세상의 모든 표현물을 없애고, 모든 작가들을 감옥에 보내는 것이다. 매스 미디어의 영향이 직접적이고 즉각적으로 강력하다고 가정하는 한 표현의 자유를 완전히 억압하는 것이 검찰과 법원이 할 수 있는 최선의 행위라는 의미이다. 마치 중세의 암흑시대에 신적 세계관이 자행한, 표현물에 대한 사회적 억압처럼 말이다.

그러나 그러한 일은, 누구나 동의하겠지만 절대로 일어나지 않는다. 불륜을 소재로 한 드라마를 본다고 불륜을 행할 사람은 없고, 사이코 드라마를 보았다고 사이코가 될 사람도 없다. 인간은 검찰과 법원이 가정하고 있듯이 그렇게 유치하고 단순하지 않다. 얼마나 단순하지 않고 복잡미묘하면 수천년 동안 철학자들이 '인간이란 무엇인가'라는 주제로 머리를 싸매고 연구를 했겠는가! 그리고 '이것이 바로 인간이다'라고 단 한마디로 정의할 수 있는 해답이 있는 것도 아니다. 사실상 인간에 대한 지속적인 탐구만이 있을 뿐, 영원히 정답은 없을지도 모른다. 그러한 복잡미묘한 인간을, 법 규정이 그토록 유치하고 단순하게 정의한다면 이는 인간에 대한 모독, 그 이상도 그 이하도 아니다.

그럼에도 불구하고 검찰과 법원이 법 규정에 따라 계속

음란물이라는 죄명으로 작가들을 구속한다면 나는 이렇게 말하고 싶다. 그렇다면 우선 '살인을 일삼는 장면을 묘사하고 있는 폭력물부터 통제하라'고 말이다. 음란물을 보고 음란한 자가 된 사람은 언제든지 사회적으로 구제할 수 있지만 폭력물을 보고 살인자가 된 사람은 구제는커녕 용서하기도 어렵기 때문이다.

그러나 검찰과 법원이 만약 살인을 일삼는 폭력물을 허용하면서도 음란물만을 계속 통제하려고 한다면 나는 이렇게 말할 것이다. 그렇다면 '빠른 시일 안에 음란물과 관련된 법조항을 폐지하라'고 말이다. 사회적으로 더 해악을 끼칠 수 있는 폭력물을 허용하면서도 그보다 미약한 사회적 폐해를 야기하는 음란물을 통제하는 일은 아무리 생각해보아도 비이성적이고 비정상적인 판단이라고 할 수밖에 없기 때문이다.

검찰과 법원은 미디어 효과가 강효과이건 그렇지 않건 간에 음란물의 문제에 있어서 법조항의 폐지 이외에 다른 대안을 가질 수 없다. 미디어가 강효과라면 폭력물 등 음란물 이외의 표현물에 대해 동등한 법조항을 마련해야 하는데 이는 사실상 불가능한 일이고, 미디어가 약효과라면 음란물을 통제할 이유가 전혀 없기 때문이다. 따라서 검찰과 법원은 신중하게 이 문제를 재검토하고, 서구 선진국의 사례 등을 심층적으로 분석하여 빠른 시일 안에 대안을 마련해야 할 것이다.

그리고 성 표현물에 대해서는 너무 도덕적이고 윤리적인 판단으로 재단하지 말고 '성에 대한 욕구 불만의 배설'이라는 관점에서 접근할 필요가 있다. 인간 사회가 원시로부터 문명화된 사회로 도약한 이후 성행위는 도덕과 윤리의 테두리 또는 좀더 심하게 말하면 도덕과 윤리의 억압으로부터 자유로울 수 없었다. 즉 생물학적 성욕이 있음에도 불구하고 사회의 도덕과 윤리상 인간은 그러한 욕구를 자발적으로 통제하는 삶을 살아왔다는 뜻이다. 그에 따라 인간은 욕구 불만의 해소를 위해 음담패설이나, 아니면 심지어 고려시대의 '탑돌이', 브라질의 '삼바축제'처럼 특정한 날에 도덕으로부터 성을 해방시키는 사회적이면서도 문화적인 제도를 마련하기까지 하였다. 성행위를 묘사한 소설과 영화 그리고 포르노 등 성적 표현물 또한 그러한 욕구불만의 배설물이라고 해도 지나친 말이 아니다.

그렇지 않다면 지배적인 도덕과 윤리적 삶을 학교나 가정에서 학습하며 이를 개인의 선유경향으로 고착화시킨 대중들이 성 표현물을 찾을 이유가 별로 없다. 그러나 검찰과 법원이 도덕과 사회의 풍속을 해칠 정도라고 우려하는 바대로 성 표현물에 대한 대중들의 수요는 매우 높다. 단적인 예로 서갑숙의 『나도 때론 포르노그라피의 주인공이고 싶다』라는 자서전적 에세이가, 읽을 만한 양질의 도서가 상당히 있었음에도 불구하고, 1999년도의 베스트셀러 중 하나가 되었다. 또한 1980년대 비디오 플레이어가 등장한 이후 외국의 성인 포르노가 한국 사회에 깊숙이 침투했으며, 최근에는 인터넷의 보편적 사용으로 인하여 인터넷에 접속을 할 수 있는 누구나 성인 포르노사이트에 쉽게 접근하고 있다. 성 표현물에 대한 대중들의 수요가 높다는 것은 민감한 사람이 아니더라도 사회의 행태를 조금만 관심있게 보면 쉽게 알 수 있는 사안이다. 따라서 표현물을 통하여 성적 욕구불만을 해소하려는 양태는 하나의 현실, 그것도 한국만이 아니라 전세계의 공통된 현실이라고 하겠다.

특히 전통적인 성윤리가 '순결'을 강조하는 한국에서는 성적 욕구불만이 상대적으로 더 강하게 표출될 수 있다. 모든 사람들이 이미 10대에 사춘기, 곧 생물학적인 성욕구를 경험하기 시작하는 순간을 맞이함에도 불구하고 실제 그 욕구를 해소하려면 상당 기간 쉽지 않은 시간을 기다려야 하기 때문이다. 어느 누구나 인정하듯이 우리 사회의 도덕과 윤리란 결혼을 한 후 사랑하는 배우자와 성행위를 하는 것만이 정당하다고 가르치고 있다. 그러할 때 사춘기부터 결혼할 때까지 성적 욕망을 대리로라도 풀 수 있는 배출구가 있어야 하고, 그에 따라 현실적으로 성적 표현물이 그러한 배출구로서 기능하고 있다고 해야 할 것이다.

따라서 검찰과 법원은 성적 표현물을 단지 도덕과 윤리

를 파괴시키는 요소로 보기보다는 이러한 성적 욕구의 배출
구로 인정하는 것이 필요하다. 그리고 성적 표현물이 그러
한 기능을 하는 한 검찰과 법원이 철통같이 성적 표현물의
유통을 제약한다고 하더라도 그것은 은밀하게 전사회적으
로 유통될 수밖에 없다. 마치 검찰의 통제를 비웃기라도 하
듯이 과거에 '빨간책'이라는 별칭의 음란물이 중고교 교실
에서 유통되기도 하였고, 1980년대에는 외국의 포르노가
가정은 물론이고 여관이나 만화방 등에서 절찬리 상영되기
도 하였다. 단적으로 말해 검찰과 법원은 어떠한 강력한 의
지를 표명한다고 해도 결코 음란물의 사회적 유통을 막을
수 없다는 의미이다.

　원래 『즐거운 사라』로 옥고를 치른 마광수가 평소에 펼
친 지론이 바로 성 표현물이 갖는 욕구배설의 기능이었고,
이 기능을 사회가 억압해서는 안된다는 점이었다(≪경향신
문≫ 1994.03.24). 그리고 마광수가 '음란물 제조' 혐의로
선고 공판을 받을 즈음 어느 스님은 불가에서도 그런 욕구
를 대리로 배설하는 음담패설이 있다며 재판부에 선처를 호
소하기도 하였다. 심지어 스님마저도 성 표현물을 억압하는
검찰과 법원의 행위를 시대착오적이라고 안타깝게 보고 있
는 현실이다. 다음은 스님의 호소를 보도한 당시의 신문기
사이다.

소설 『즐거운 사라』의 음란·외설시비와 관련해 오는 13일 마광수 전 연세대교수에 대한 선고공판이 예정된 가운데 6일 한 선원의 스님으로부터 마 전 교수의 무죄를 탄원하는 편지가 해당 재판부인 서울형사지법 항소1부 재판장에게 우송돼 눈길을 끌었다. 경북 금릉군 수도암 선원에서 수행중이라는 종성스님(43)은 편지를 통해 "우리 불가에서도 '요철법문'이란 이름으로 많은 음담패설을 하는데 이는 성적인 욕구불만을 말로 쏟아버려 대리배설하는 것"이라고 전제하고 "마광수 씨의 작품세계는 통쾌한 문학적 과장일 뿐인데 유죄로 몰아 구속까지 했다는 것은 촌스러운 생각마저 든다"고 선처를 호소하였다(≪경향신문≫ 1994.07.07).

더욱이 한국 사회에서 성적 욕망의 배출구는 성 표현물보다 실제 현실이 더 하다. 밤만 되면 켜지는 화려한 네온 사인에 룸살롱, 단란주점, 안마시술소 등의 상호들이 난무하고, 청량리와 미아리 텍사스 등 성을 매매할 수 없는 나라에서 일상적으로 매매춘이 성행하고 있다. 심지어 방송의 고발프로그램에서 자주 나오듯이 머리를 손질하는 이발소에서 엉뚱하게 매매춘이 이루어지고, 미성년자의 매매춘도 버젓이 이루어지고 있는 현실이다. 이렇게 본다면 어느 표현물도 이 적나라한 퇴폐의 현실을, 현실보다 더 사실적으로 묘사할 수 없다고 해야 할 것이다.

그러할 때 사회의 도덕과 성풍속, 특히 검찰과 법원이 생각하는 도덕과 성풍속이 이미 완전하게 훼손된 지 오래임에도 불구하고 그들은 그 수준에 미치지도 못하는 표현물만을 억압하고 있다고 할 수 있다. 그리고 사회의 도덕과 윤리가 땅에 떨어진 현실에서 검찰과 법원이 성 표현물을 제약하여 어떠한 기대 효과를 얻을 수 있는지, 이점이 참으로 의심스럽다.

누누이 강조하고 있지만 검찰과 법원이 사회의 도덕과 풍속을 지키려면 표현물보다는 실제 현실을 통제하는 것이 보다 바람직한 효과를 산출할 수 있다. 표현물이란, 비록 현실에서 알기 어려운 사회의 미래를 정확하게 감지할 수 있는 표현물이 없는 바가 아니지만 언제나 실제 현실을 부분적으로 반영하는 것에 불과하기 때문이다.

물론 검찰과 법원은 현실의 퇴폐들, 예컨대 이발소나 안마시술소처럼 그 기능을 무시하고 불법으로 매매춘을 실행하는 업소들이나 미성년자를 매매춘에 이용하는 악덕 업주들을 법적으로 통제하며 사회의 도덕과 윤리를 지키려고 최선을 다하고 있다. 그러나 검찰과 법원의 통제는 안타깝게도 사회의 퇴폐를 완전히 뿌리뽑기에는 한계에 다다른 느낌을 지울 수 없다. 그들의 통제에도 불구하고 사회의 퇴폐가 줄어들기는커녕 점점 늘어나는 추세이기 때문이다. 그럴 경우 현실에서 실패한 도덕의 파수꾼이 표현물의 유통에 제약을 가하더라도 현실은 여전히 도덕과 풍속이 훼손된 상태일 것이다. 한마디로 말해 표현물을 통제한다고 해서 현실의 도덕과 풍속이 개선될 가능성이 전혀 없다면 표현의 자유를 침해하면서까지 표현물을 억압할 필요가 없다는 의미이다.

5. 도덕과 풍속의 훼손, 그리고 자본주의 사회

표현의 자유를 침해하면서까지 표현물의 유통을 통제할 필요가 없는 또 다른 중요한 이유 중 하나는 도덕과 풍속의 훼손을 야기하는 근본적인 원인이 표현물이 아니라 자본주의사회, 그 자체에 있기 때문이다. 다시 말해 자본주의사회 자체가 항시적으로 도덕과 풍속을 파괴하는 성향을 내재하고 있다면 표현물을 통제한다고 해도 사회의 도덕과 풍속을 지키는 일이 언제나 실패하게 마련이라는 의미이다.

그러면 왜 자본주의사회는 봉건주의사회처럼 도덕과 풍속을 견고하게 지키지 못하고 언제나 훼손하는 것일까? 자본주의사회의 어떠한 특성이 사회의 도덕과 풍속을 파괴하는 데 결정적 역할을 하고 있는가?

답부터 말한다면 자본주의사회만의 독특한 특성이라고 할 수 있는 '대중의 익명성'이 사회의 도덕과 풍속을 해치는 주 요인이라고 할 수 있다. 대중의 익명성이란 성의 상품화를 은밀하고 광범위하게 유포시키며 기존의 도덕과 풍속을 해치고 퇴폐적 행위를 양산하는 사회적 조건이기 때문이다.

사회구성원이 익명성을 기초로 일상생활을 영위하기 시작한 것은 역사상 자본주의사회에 들어오면서부터이다. 다시 말해 사회구성원이 익명성, 이질성, 상호고립성 그리고 비조직성 등의 특성을 가진 대중(mass)으로 존재하기 시작한 것은 대규모의 도시 중심의 자본주의사회가 성립한 이후부터라는 의미이다. 그 이전, 즉 봉건주의사회의 촌락사회만 하더라도 사회구성원의 익명성이란 결코 존재하거나 성립할 수 없는 사회적 조건이었다. 촌락사회의 사회구성원들은 전쟁이나 가뭄 등 재해가 있어 촌락 자체가 붕괴되지 않는 한, 수세대에 걸쳐 동일한 촌락에서 동일한 이웃과 함께 살아가야 했기 때문이다. 당시의 사회구성원들은 타 구성원의 삶에 대해 동세대뿐 아니라 과거의 가계 또는 친족의 역사까지 잘 알 수밖에 없었고, 그에 따라 구성원에 대한 정보를 서로 완전하게 공유하고 있었다.

사회구성원의 정보를 완전하게 인지하는 동시에 평생을 서로 깊은 관계를 맺고 살아가는 촌락사회는 자연스럽게 상호 공존할 수 있는 도덕적 가치와 풍속을 형성하고 장구한 역사 속에 큰 변화 없이 그러한 가치와 풍속을 유지할 수 있었다. 모두 서로를 잘 아는, 달리 말해 익명성이 전혀 없는 사회에서 도덕과 풍속을 훼손하는 자는 잘못하면 삶의 터전인 촌락에서 완전히 쫓겨나 생존에 위협을 받을 수 있었기 때문이다. 게다가 이주와 같은 사회적 이동이 거의 없는 당시의 생존조건에서는 공동체의 도덕과 풍속을 해치고 다른 촌락으로 삶의 터전을 바꾸기가 용이하지 않았다. 다른 촌락의 입장에서 보면 그는 잘 알지 못하는 이방인에 불과하고, 그에 따라 그 촌락의 사회구성원들은 이방인을 배타적으로 대했기 때문이다. 그러므로 촌락의 사회구성원들은 생존의 문제 때문에 사회의 도덕과 풍속을 훼손하기 어려웠다고 할 수 있다. 그런 이유로 봉건주의사회의 촌락사회는 성문법 없이 도덕만으로도 충분히 사회의 공유된 가치와 풍속을 잘 유지하며 생존했던 것이다.

그러나 서로에 대한 정보가 거의 없는, 낯설은 타인끼리 살아가야 하는 도시 중심의 자본주의사회가 태동한 후 인류는 역사상 처음으로 익명성이라는 사회적 조건을 경험하게 되었다. 자본주의사회의 도시는 이주가 일상화되기 때문에 주변 이웃이 새로운 타인으로 교체되기 쉽고, 사회구성원이 집이나 회사 등의 공간을 이탈하면 온통 낯선 사람과 접촉하며 살아가야 하는 매우 독특한 사회적 공간이다. 또한 도시의 대중은 타인과 함께 자신의 공간과 삶을 공유하기 싫어하는 개인주의적인 성향을 가지고 있다. 그렇기 때문에 도덕과 풍속을 사회구성원간의 관계로부터 지켜왔던 촌락사회의 전통은 점차 퇴색하기 시작하였다. 그에 따라 협력과 상호공존에서 비롯된 촌락사회의 가치와 풍속은 크게 위협받았고, 점점 해체되기 시작하였다.

사회구성원간에 익명성이 보장되고, 개인적인 사생활을 중시하는 사회적 조건에서 대중들은 촌락사회와는 달리 도덕과 배치되는 생활을 하기 매우 용이하다는 점을 인식하였다. 대중들은 설령 도덕과 윤리에 위배되는 행위를 하더라도 자신의 익명성을 유지할 수 있는 한 사회생활을 하는 데 전혀 지장을 느끼지 못하기 때문이다. 예컨대 청소년과 원조교제를 하거나 미성년자와 매매춘을 자행하는 사람들은 만약 익명성이 보장되지 못했다면 결코 그러한 행위를 할 수 없었을 것이다. 자신이 누구인지가 명확하게 사회적으로 인지되는 동시에 그러한 타락 행위가 만천하에 드러난다고 한다면 어느 누구도 사회의 도덕과 풍속을 파괴시키는 원조교제와 같은 행위를 결코 할 수 없다는 의미이다. 그리고 최근 원조교제를 한 사람의 이름과 주소를 공개적으로 밝히고 있는 검찰의 방침은 바로 익명성이라는 조건에 제한을 두어 대중들이 도덕과 풍속을 훼손하는 일을 최소화하겠다는 의지의 표명이라고 하겠다.

도시사회에서 익명성이 극대화되는 일상의 시점은 사실상 밤이다. 하루의 노동이 끝나는 오후까지 대중들은 서로를 인지할 수 있는 직장 동료와 함께 생활하므로 익명성의 정도가 떨어지기 때문에 지배적인 도덕과 풍속을 상대적으로 밤보다 잘 지키게 마련이다. 그러나 퇴근과 함께 직장을 나서는 밤은 낯설은 타인들과의 관계만이 남는, 익명성이 완전히 보장되는 공간이다. 그래서 자본주의사회의 밤은 익명성을 토대로 노동으로부터 비롯된 스트레스를 해소하는 공간일 뿐 아니라 도덕과 풍속으로부터 억눌린 성 욕구의 해방구로 존재한다고 할 수 있고, 그에 따라 수많은 술집과 환락가가 도시에 형성되는 것이다. 그러한 와중에 사회의 지배적인 도덕과 윤리 그리고 풍속 등이 와해되는 것이다. 퇴근시간을 기점으로 하여 퇴근 전 시간이 지배적인 도덕과 풍속이 영향력을 행사하는 시간이라면 퇴근 후 시간은 그러한 도덕과 풍속으로부터 해방되는 시간이라고 할 수 있다. 자본주의사회의 도시는 사람들을, 마치 낮에는 선인이고 밤에는 악인이 되는 지킬박사와 하이드 씨처럼, 이중적 속성을 내재하도록 만들 수 있는 공간이다.

인간의 노동력을 상품화하는 자본주의 사회는 이러한 익명성의 조건과 함께 성적 욕구를 도덕적으로 억압하는 현실이 맞물리며 성의 상품화를 광범위하게 확산시켰다. 실제 성을 사고 파는 매매춘은 물론이고 성행위를 적나라하게 묘사하는 포르노나 각종 미디어의 선정적 내용물들이 유사이래 처음으로 자본주의사회에서 양적으로나 질적으로 과도하다고 할 정도로 전 사회에 유포되기 시작한 것이다. 유통의 방식도 익명성이라는 조건에 맞추어 검찰이나 경찰과 같은 공식기관의 통제를 고려하여 은밀하게 이루어졌음은 물론이다. 그래서 검찰과 법원이 그토록 철저하게 사회의 도덕과 풍속을 지키기 위해 현실의 퇴폐를 통제함에도 불구하고 기대한 바의 효과를 산출할 수 없는 것이다. 1999년만 국한해서 보더라도 '봇물터진 성'이라는 표제로 한국 사회를 회고한 다음과 같은 신문기사가 극명하게 보여주듯이 익명성을 기반으로 한 '성의 상품화'는 점점 더 강도를 높여가며 확산되고 있는 현실이다.

침실에 갇혀 있던 성(性)이 백주대로로 나섰다. 멈칫거리고 수군대던 섹스를 온 나라에 퍼뜨린 건 다름아니라 우리 사회의 집단 관음증이라고 할 수 있었다(중략).

새 세기의 화두가 돼버린 '인터넷'은 성을 전파하는 대량 미디어 구실을 했다. 1999년 뒤틀린 성의 서막은 탤런트 오현경 씨의 'O양 비디오'가 열었다. 작년 말부터 떠돌던 'O양 비디오'는 2월부터 정보통신 열풍에 편승해 엄청난 속도로 퍼졌다(중략).

탤런트 서갑숙 씨는 10월 초 동성애 경험을 비롯해 적나라한 성 체험을 담은 책을 냈다. "자유롭고 당당하게 살고 싶어썼다"는 책은 12월까지 50만 권 넘게 팔렸지만, 눈살을 찌푸리는 이도 적지 않았다.(중략) 연말엔 영화 '거짓말' 해적판이 인터넷을 달궜다. 도착적 성을 거침없이 다뤘다가 영상물등급위원회로부터 등급보류 판정을 받아 극장 개봉길이 막히자 옆길로 새어 나온 것이다.

대학가에선 성이 누구나 경험할 수 있는 권리라는 주장들이 나왔고, 일부는 공개 행사로 옮아갔다. 서울대, 연세대, 고려대 등의 여성문화 연합동아리 '불턱'은 9월 10일 고려대에서 '제1회 월경 페스티벌'을 열고, 월경을 소재로 한 연극과 월경 축하파티를 가졌다. '남자의 성'을 깨우는 데는 비아그라가 나섰다. 6월말 시판 예정이던 비아그라는 임상 실험, 부작용 논란, 거듭된 판매 연기를 거치면서 중년 남자의 성생활 실태와 섹스에 대한 기대를 속속들이 들춰내는 도화선이 됐다. 기성 세대의 이중적 성의식은 이른바 '원조교제'라는 미성년자 매춘과 몰래카메라로 왜곡됐다. 초등학교 교감(10월 24일)과 고교 윤리교사(4월 27일)까지 10대 소녀에게 돈을 주고 성관계를 가졌다가 입건됐다. 새천년 '열린 마당'으로 나선 성은 이제 보다 떳떳하고 책임있게 다뤄지길 기다리고 있다(≪조선일보≫ 1999.12.20).

원조교제를 하는 교육자들이 잘 보여주듯이 익명성이라는 조건은 낮에는 그렇게 보수적일 수 있는 사람을 밤에는 성적인 타락자로 돌변할 수 있게 한다. 또한 인터넷의 혁명이 가장 먼저 포르노의 유통을 확산시켰다는 점도 익명성이라는 사회적 조건으로부터 비롯된 것이다. 컴퓨터란 사적인 공간에서 사용될 수 있는 문명의 이기이므로 익명성을 완전하게 보장받을 수 있기 때문이다. 그리고 검찰과 법원은 바로 이 익명성이 극대화된 사회를 대상으로 도덕과 풍속을 지켜야 하는 어려운 지경에 놓여 있다.

익명성의 사회에서 검찰과 법원이 갖는 고충과 노력을 모르는 바 아니지만 분명한 것은 사회의 도덕과 풍속을 훼손하는 결정적 원인이란 표현물이 아니라 자본주의사회, 그 자체라는 점이다. 성 표현물이란 차라리 도덕과 풍속을 해치는 자본주의사회의 본성이 야기한 결과물에 불과하다. 그러할 때 검찰과 법원이 진정으로 도덕과 풍속을 견고하게 지키고 싶다면 자본주의 사회를 익명성이 없는 사회로 전환시켜야 할 것이다. 그러나 자본주의사회의 질서를 유지하기 위해 존재하는 검찰과 법원이 그 사회를 부정하는 것은 결코 가능한 일이 아니다. 검찰과 법원은 뻔히 실패할 줄 알면서도 기능상 도덕과 풍속을 지켜야 하는 딜레마에 빠져 있는 것이다.

6. 성 표현물과 상업주의

1990년대 초 마광수의 『즐거운 사라』부터 2000년 영화 <거짓말>까지 사회적 논란을 불러일으킨 표현물에 대한 비판 논리 중 하나는 그러한 표현물들이 상업주의의 산물이라는 점이다. 돈을 벌기 위한 목적으로 성행위를 묘사했다는 것이 비판의 핵심 논지이다.

그러나 『즐거운 사라』, 『내게 거짓말을 해봐』, 『나도 때론 포르노그라피의 주인공이고 싶다』, 그리고 <미란다>, <거짓말> 등의 작가나 연출자들이 설령 돈을 벌기 위해 성행위를 묘사했다고 하더라도, 상업주의라는 이유 때문에 법적으로 처벌받을 필요는 전혀 없다. 달리 말해 성 표현물의 상업주의는 결코 표현의 자유에 대한 억압을 정당화할 수 있는 근거가 아니라는 뜻이다.

상업주의란, 많은 사람들이 대단히 죄악시하는 용어처럼 사용하기는 하지만 알고 보면 인간의 모든 생산물, 심지어 인간 자신의 노동력까지 상품으로 거래하는 자본주의사회의 본성으로부터 나온 개념이다. 특정한 산물, 예컨대 양말이나 라면을 생산하는 생산자가 시장에서 자신이 만든 생산물을 많이 팔기 위해 다른 생산자보다 상품의 질을 높이는 행위, 달리 말해 소비자의 욕구를 충족시키는 일이 전형적인 상업주의이다. 또한 프로야구 선수가 자신의 노동력의 가치, 곧 연봉을 높이기 위해 개인 훈련을 열심히 하고 팀 우승에 결정적인 역할을 하려고 최선을 다하는 행위가 바로 상업주의이다.

마찬가지로 문화산물 또한 상품으로 거래될 수밖에 없는 사회적 조건상 상업주의로부터 자유로울 수 없다. 출판업자나 신문업자, 방송업자 등 생산자들이 타 기업과의 경쟁에서 승리하여 이익을 극대화하거나, 최소한 자신의 기업이 망하지 않도록 대중들의 취향과 욕구를 충족시키는 문화상품을 생산하는 일이 곧 상업주의라는 것이다. 또한 자유업인 작가나 문화기업에 종사하는 PD와 기자가 생존을 위해 다수취향적인 문화상품을 쓰거나 제작하는 일은 여러 말할 필요없이 상업주의에 다름아니다. 자본주의사회의 문화산물은, 비록 몇 가지 예외가 없는 바가 아니지만 상업주의의 배경아래 생산되고 있다는 의미이다. 그래서 출판사뿐 아니라 신문사와 방송사, 영화제작사 등 대부분의 매스 미디어 기업들은 언제나 선정적인 내용을 생산했다는 이유로 한번쯤 비판받는다. 그러할 때 작가가 상업주의를 지향했다고 해서 비판은 받을 수 있을지언정 사법처리를 당해 감옥에 갈 수는 없는 것이다.

또한 자본주의사회가 태동하며 발생한 매스 미디어는 모두 상업주의의 산물이다. 단적인 예로 출판산업의 소설은 비록 현재 예술의 한 장르로 굳건히 위상을 잡고 있지만 전형적인 상업주의의 산물이라고 할 수 있다. 왜냐하면 소설은 글쓰기와 읽기의 측면에서 마치 할머니의 옛날 이야기처럼 쓰기 쉽고 대중들이 이해하기도 쉬운, 재미있는 형식의 글이기 때문이다. 서구의 경우 소설이라는 장르가 나오기 전까지 희곡이 대표적인 글쓰기 양식이었다. 그러나 희곡은 대화를 통하여 사건의 전개와 인물의 성격, 주제 등을 묘사해야 하기 때문에 쓰기도 어려울 뿐 아니라 읽기도 어려워 대중적인 장르로 성장하기 어려운 난점을 갖고 있었다. 단적으로 말해 희곡은 상업적으로 성공하기 어려운 비상업주의적 장르라는 것이다. 그래서 자본주의 사회의 출현과 함께 대중성을 갖는 동시에 큰 돈을 벌게 해줄 글쓰기가 필요했고, 이에 소설이란 장르가 상업적으로 채택된 것이다. 그리고 예술로 인정받고 있는 소설이 상업주의의 산물이라면 영화와 신문, 방송 등은 두말할 필요 없이 상업주의로부터 발생한 매체일 것이고, 사실 또한 그렇다.

물론 상업주의, 특히 일반적인 생산물이 아닌 문화산물의 상업주의에 대해서는 대중은 물론이고 대다수의 지성인들이 대단히 비판적인 태도를 보이고 있다. 문화산물의 상업주의는 '인간의 정신을 고양시키는, 또는 고양시켜야 하는 창조적 산물로서의 문화와 예술'과는 거리가 먼 행위이기 때문이다.

문화산물의 상업주의에 대한 비판적 태도는 원래 셸리(Percy Bysshe Shelley)와 키츠(John Keats) 등 18세기의 낭만주의자들의 시각을 직접적으로 이어받은 것이라고 할 수 있다. 이들 낭만주의자들은 자신들의 질 높은 문화산물들이 시장에서 저질의 산물과 비교하여 판매의 경쟁력이 떨어지는 현상을 접하자 '시장이란 문화와 대립하는 장소'라고 단정짓는 한편, 대중을 소수의 교양 있는 독자들과 구분하여 문화의 질을 위협하는 존재로 격하시켰다. 문화산물의 상업주의를 부정적으로 보는 이러한 시각은 이후 모더니스트와 같은 예술가들이나 우파와 좌파의 이론가들을 막론하고 지대한 영향을 미치며 현재까지 지배적인 평가로 남아 있다.

문화의 상업주의에 대한 비판적 태도는 인간의 정신을

고양시켜야 한다는 사회적 과제와 함께 자본주의사회를 대체할 미래의 사회가 문화의 시대를 열 가능성이 높다는 점을 감안한다면 매우 중요한 일이라고 하겠다. 특히 문화산물이 상품으로 거래되는 자본주의사회가 유지되는 한 이러한 비판은 언제나 유효하고 필요한 일이기도 하다.

그렇지만 그렇기 때문에 표현의 자유를 극대화하는 일도 그만큼 중요하고 필요한 일이라는 점을 인식해야 한다. 포르노와 같은, 누가 보아도 명백한 저질의 문화산물이 표현의 자유를 획득한다면 어떠한 문화산물도 법적 통제와 억압을 받지 않을 수 있기 때문이다. 더욱이 지배적인 권력이란 음란물보다는 정치적인 사상과 의견에 보다 촉각을 세운다는 점을 고려한다면 표현의 자유를 조금이라도 억압할 수 있는 요소를 제거하는 일은 인간 사회에서 대단히 중요한 실천적 과제이다.

한편 문화산물의 상업주의와 관련해 한 가지 더 지적한다면 '음란성이 높으면 대중적이다'라는 사고가 근본적으로 오류라는 사실이다. 대중적이라는 의미는 남녀노소와 같은 사회인구학적 속성과 무관하게 특정 문화상품에 대해 높은 수요를 보이는 현상을 말한다. 그러할 때 문화상품이 대중적이려면 남녀, 세대, 계층, 학력 등을 불문하고 모든 사람이 수용할 수 있는 내용과 형식의 상품을 제작해야 가능하다. 만약 특정 문화상품이 음란성이 강하면 보수적인 가치를 지닌 수용자나 어린이와 청소년을 보호하려는 학부모 등은 소비에서 배제되므로 그 상품은 대중적으로 성공할 수 없다. 단적으로 음란성을 강조하여 X 등급을 받은 <쇼걸>이라는 할리우드 영화가 기대만큼 흥행에서 성공하지 못했던 것을 봐도 알 수 있다. 대중성과 상업성이 강한 할리우드의 블록버스터나 TV 드라마는 어린이부터 노인까지 모든 수용자가 시청이 가능한 내용으로 만드는 것이 주류이다. 이러한 사실은 지금은 정치인이지만 한때는 작가로 필명을 날리던 김한길이 장정일을 옹호하며 잘 지적하고 있다.

'작품의 음란성'이 거론될 때마다 등장하는 지적이 '예술의 탈을 쓴 상업주의'라는 것인데 여기에는 큰 오해가 있다. 출판계를 잘 모르는 분들은 '야하게 쓰면 잘 팔린다'는 것을 전제로 마치 일부 작가들이 예술을 빙자해서 돈벌이에 눈이 먼 것처럼 치부하지만 이건 전제부터가 틀렸다는 점이다. 우리 독자들의 수준은 이미 그 정도로 유치하지 않다. 베스트셀러가 되기 위한 몇 가지 조건 중의 중요한 것이 '지나치게 야해서는 안된다'는 것이다. 우리가 기억하는 베스트셀러들 중에 음란성이 문제된 것이 하나라도 있는가. 『태백산맥』, 『동의보감』, 『토정비결』, 『무궁화 꽃이 피었습니다』… … 까놓고 말하자면, 내가 쓴 『여자의 남자』의 경우에는 '더 야하게' 써야 옳다고 생각한 부분도 있었지만 베스트셀러가 되지 못할까봐 오히려 자제했다. 나같이 비겁한 글쟁이야말로 '상업주의와 야합했다'는 비난을 받아도 할 말이 없다.

　　장정일이나 마광수가 상업성에 연연했다는 주장은 사실과
다르다. 장정일의『내게… … 』는 문제가 돼서 수거하기 전까
지 팔린 총부수가 만오천 부에 불과했다고 한다. 몇 년 전에
도마에 오른 마광수의『즐거운 사라』도 화제만 무성했지 판
매량은 초라했던 게 사실이다.『…… 사라』를 펴낸 출판사는
사회적 비난을 감수한 대가로 돈을 벌었을까. 천만에, 장사가
안돼서 문을 닫고 말았다(≪국민일보≫ 1997.06.04).

　　다시 한번 강조하지만 특정한 문화산물이 상업주의라는
이유로 비판을 받을 수 있지만 그렇다고 해서 검찰이 문화
산물을 억압할 수 있는 근거를 얻는 것은 아니다. 자본주의
사회에서 상업주의란, 상거래를 문란하게 하는 행위를 하지
않는 한 지극히 당연하고 정당한 행위이기 때문이다.

　　물론 검찰이나 법원, 또는 보수층은 음란물이란 일종의
유해물과 같은 것으로 정당한 상거래의 대상이 아니라고 주
장할 수 있을 것이다. 그러나 음란물에 대한 문제는 앞서
심층적으로 논의했기 때문에 더 이상의 논의를 전개하지 않
겠다. 단 한 가지 분명하게 할 점은 문화산물이란 일반적인
상품의 유해성처럼 명백하게 그 해악이 드러나지 않는다는
사실이다. 예컨대 유해물질이 함유된 불량식품을 먹으면 누
구나 배탈이 나는 것처럼 그 유해성이 명백하게 드러나지만
시청자들이 불륜의 드라마를 본다고 모두 다 불륜을 행하는
것은 아니라는 의미이다.

한편 성의 상품화에 대해서는 한 가지 지적할 사항이 있다. 대다수의 사람들이 '성의 상품화'에 대해 분노에 가까울 정도로 비판적인데 왜 그런 사람들이 인간의 노동력을 상품화하는 자본주의사회를 비판하지 않는지를 잘 모르겠다. 머리와 손 또는 발을 팔아도 되지만 성기를 파는 일만큼은 용납하지 못하겠다면 이는 단지 도덕의 논리일 뿐, 자본주의사회에서 발생하는 인간의 상품화 현상을 보편적으로 비판하는 것이 아니기 때문이다.

만약 머리와 손 또는 발을 팔아도 된다고 하면서 성기만은 팔아서는 안된다라고 주장하는 사람은 우리의 몸을 불평등하게 바라보고 있다고 해야 할 것이다. 그리고 이는 문명이 시작된 이래 도덕과 윤리가 인간의 몸에 대한 불평등한 인식을 얼마나 확대 재생산하고 있었는가를 잘 알 수 있게 한다. 역으로 인간의 노동력을 상품화하기 시작한 자본주의사회는 성의 상품화를 통하여 인간의 몸에 대한 평등한 사고를 할 수 있는 계기를 마련했다고 해도 과언이 아니다. 다시 말해 성의 상품화가 인류에게 기여한 것은 우리 몸에 대한 불평등한 인식을 한번쯤 재고해봐야 한다는 문제제기를 했다는 점이다.

7. 성 표현물과 청소년 보호

성 표현물로 인하여 사회적 논란이 발생할 경우 비판적인 논점의 또 다른 핵심 근거는 '청소년이 볼까 두렵다'는 점이다. 성숙한 어른은 음란물을 보더라도 그 유해함을 알아서 잘 처리할 능력을 갖고 있지만 미성숙한 청소년은 그렇지 못하기 때문에 음란물을 통제해야 한다는 논리가 바로 그것이다. '서갑숙 사건'이 발생했을 즈음에도 이화여대 교수인 김동일은 '아이들이 볼까 두렵다'는 표제로 유사한 논리를 다음과 같이 전개한 바 있다.

정말 심각한 문제는 세번째의 항변과 관련된다. 초등학교의 두 딸에게 자신의 책에 관해 당당하게 설명하고 싶다는 주장은 좀 심각하다. 물론 그가 설명하고 싶은 것이 성담론의 정당성에 관한 얘기라면 이의가 없다. 요즘처럼 청소년을 위한 성교육의 필요성이 일찍 제기된 적도 없다.

그런데 만약 이 책의 내용, 즉 자신이 여러 사람과 가졌던 성관계에 관한 노골적인 묘사를 어린 아이들에게 '당당하게' 제공하겠다면 이건 여간 심각한 문제가 아닐 수 없다. 어린 딸(또는 아이들의 경우에도 마찬가지이겠지만)에게 "성은 즐거운 것이다. 성적욕구는 매력을 느끼는 상대라면 누구하고든 그것을 충족할 권리와 자유가 있다. 그리고 성관계는 이렇게 (책에 쓰인 것처럼)하면 좋더라"라고 말한다고 생각해보자. 그들은 영락없이 어른들(특히 부모)의 행동을 따라한다. 과연 저자는 자식들이 그의 행동을 따라하기를 바라는지 궁금하기만 하다(중략).

　물론 혹자는 청소년들이 포르노그라피에 접하는 것이 뭐가 그렇게 큰 문제인가라고 반문하는 사람도 있을 것이다. 성적 욕구는 자연스러운(본능적인) 인간의 욕구이고 청소년도 인간일진대 그들이 어른들처럼 포르노상품을 통해 대리만족을 즐기는 것이 무엇이 문제인가라고 말하는 사람도 있을 것이다. 그런데 어디 그런가. 인간 행동의 하나 하나에는 사회적 책임이 따른다. 성을 추구하는 행위도 마찬가지이다. 만약 청소년들이 포로노그라피에 중독되어 만사 제쳐놓고 그것만 탐닉한다면 그 결과는 명약관화하다(≪세계일보≫ 1999.10.28).

신문칼럼이 잘 보여주고 있듯이 성 표현물들을 아이들이나 청소년들이 읽거나 보는 일은 우려할 만한 사회적 문제임이 틀림없다. 그리고 이는 한국만이 아니라 미국이나 유럽 등 서구에서도 마찬가지이다. 자본주의사회가 성립한 이후 어느 나라나 어린이와 청소년을 어떻게 유해한 문화환경으로부터 보호할 것인가가 중요한 사회적 과제였다는 의미이다. 그래서 성 개방이 한국보다 앞선 국가들조차도 포르노의 사회적 유통을 허락하면서도 청소년에게 포르노를 판매하는 행위에 대해서는 엄중한 법적 처벌을 하고 있는 실정이다.

　'청소년을 보호해야 한다'는 논리의 핵심은 '청소년이 가치를 형성중인 미성숙한 사회적 존재'라는 현실적 판단으로부터 비롯된 것이다. 어른은 이미 사회의 지배적인 도덕과 풍속 등의 가치를 체화하여 성 표현물이나 음란물로부터 큰 영향을 받지 않을 수 있지만 청소년들은 지배적인 가치의 형성이 완료되지 않았기 때문에 음란물로부터 지대한 영향, 그것도 매우 부정적인 영향을 받을 수 있다는 논리이다.

논리의 진위 여부를 판별하기에 앞서 그러한 논리가 진실이라고 가정한다면 한 사회에는 성숙한 사람과 그렇지 못한 사람, 양자가 공존할 수밖에 없는 가운데 '과연 성 표현물을 사회적으로 유통시켜야 하는가'라는 근본적인 문제가 제기될 수밖에 없다. 그리고 유통시키느냐, 아니면 그렇게 하지 않느냐에 따라 기대되는 결과도 명백하다. 성 표현물을 유통시키면 미성숙한 사람이 볼 가능성이 높아지는 반면에 유통시키지 않는다면 성숙한 사람이 그것을 볼 기회가 원천적으로 봉쇄된다고 할 수 있다.

그러할 때 유통 여부를 결정하는 핵심 근거는 미성숙한 사람에게 성 표현물의 부정적 영향력이 얼마나 강한가에 있다. 부정적 영향력이 매우 크다면 비록 성숙한 사람이 볼 기회가 없어진다고 하더라도 유통을 시키지 않는 것이 사회적으로 바람직하다고 할 것이다. 그러나 부정적 영향력이 우리가 우려할 정도로 크지 않다면 표현의 자유를 억압하면서까지 성 표현물을 통제할 필요는 없을 것이다. 그리고 역사는 후자에게 손을 들어주었다. 정치적 민주주의의 수준이 높다고 할 수 있는 서구 선진국들은 성숙한 사람들을 위해 성 표현물을 유통시키기로 결정하였고, 기타 국가들 또한 점점 성표현물에 대한 통제의 강도를 줄이고 있다. 성 표현물에 대한 자유로운 유통을 보장하는 것이 역사의 흐름이고 정방향이라는 의미이다.

이렇듯 성 표현물의 유통을 인정한다면 어떻게 그러한 표현물로부터 미성숙한 사람들을 보호할 수 있는가라는 문제가 사회적 과제로 대두될 수밖에 없다. 성 표현물의 사회적 유통을 결정한 이상, 이제 문제는 미성숙한 청소년이 보지 않게 하는 데에 초점을 두어야 하기 때문이다. 그리고 상당수의 국가들은 매체의 특성별로 성 표현의 정도에 따라 표현물에 대한 청소년의 접근을 규제하는 방식으로 해결하였다. 예컨대 영화의 경우 등급제를 채택하거나, 출판물의 경우 청소년에 대한 판매를 원천적으로 금지시키는 방식으로 성 표현물에 대한 청소년의 접근을 제도적으로 통제한 것이다. 물론 그러한 접근의 통제가 어느 정도 실효성을 갖고 있는지에 대해서는 의문이 들기는 하지만 말이다.

그리고 '청소년들이 포르노그라피에 중독되어 만사 제쳐두고 그것만 보면 그 결과가 명약관화하다'거나 '포르노 전용극장을 세우면 모두 포르노에 탐닉할 것이다'라는 주장이 간혹 대두되는 경향이 있는데, 이는 포르노의 상품적 특성을 제대로 인식하지 못해서 나오는 주장들이다. 포르노는 주지하다시피 잘 짜여진 플롯에다가 인물의 캐릭터를 특징

적으로 묘사하는 양질의 표현물과 비교할 때 성행위를 반복
적으로 묘사한 것에 불과하여 소비의 비반복성(non-
repeatedness in consumption)이 보다 강하게 드러나는 문
화상품이다. 단적으로 말해 포르노란 한 번 본 후 두번째
볼 때부터 효용이 급격히 하락하는 상품적 특성을 갖고 있
다는 의미이다. 게다가 이야기의 줄거리 없이 성행위, 그 자
체에 대한 묘사에 치중하다 보니까 상품간에 차별성이 거의
없어 김동일이 염려하듯이 어른이건 청소년이건 간에 포르
노에 대한 중독증이 발생하기 매우 어렵다고 할 수 있다.

또한 포르노는 다수가 함께 시청할 때보다는 혼자 시청
할 때가 효용이 극대화되는 매우 독특한 상품적 특성을 가
진다. 할리우드의 블록버스터 영화처럼 일반적인 영화들이
다수가 극장에서 함께 시청하면 더욱 재미있을 수 있지만
포르노는 사적인 공간에서 익명성을 보장받으며 홀로 보는
것이 효용을 극대화한다는 뜻이다. 그럴 경우 포르노 전용
관을 설치한다고 해도 다수가 포르노를 보기 위해 극장 앞
에 장사진을 치는 광경은 거의 연출될 가능성이 없다고 하
겠다.

아울러 포르노와 관련해 한 가지 더 지적할 사안은 청소
년이나 어른이나 모두 다 일상생활이 체계적으로 구조화되
어 있다는 점이다. 대부분의 사람들은 잠자고 식사하는 시
간, 남들과 교제하는 시간, 그리고 가족과 함께 하는 시간

등 하루 일상을 별 여유 없이 보내고 있다. 그래서 노인이나 은퇴자 등을 제외한 대다수 사람들은 항상 여가시간이 부족하다고 느끼고 있는 것이다. 그러할 때 포르노를 본다고 하더라도 어느 누구도 중독증에 걸릴 정도로 많은 시간을 할애하며 볼 수 있는 사람은 거의 없다고 해야 올바른 해석일 것이다. 명심해야 할 점은 자본주의사회의 모든 개인들은, 특별한 일이 없는 데도 불구하고 너무나 바쁘게 일상을 생활하고 있다. 그리고 그 바쁜 일상에서 익명성을 보장받는 사적 공간을 간신히 확보하고 약간의 틈새시간을 이용하여 포르노를 보고 있는 것이 현실이라고 하겠다. 보수주의자들이 생각하는 포르노의 영향력은 실제보다 과대평가되어 있다는 뜻이다.

제4장 표현의 자유를 위한 우리들의 실천

"형법 243조, 244조 그리고
245조를 폐지하자."

제4장 표현의 자유를 위한 우리들의 실천

"형법 243조, 244조 그리고 245조를 폐지하자."

1. 문화적 가치의 가변성과 역사적 흐름

도덕과 풍속은 특정한 사회의 역사적 전통을 확인해주는 한편 사회의 항상성을 유지하는 중요한 문화적 가치이다. 기능주의이론이 잘 설명한 대로 사회의 문화체계가 인간의 행위를 결정하는 가장 중요한 요인이라는 점을 감안한다면 도덕과 풍속의 중요성은 아무리 강조해도 지나치지 않을 것이다.

그러나 도덕과 풍속은 또 다른 측면에서는 인간의 행위를 억압하는 주 요인이다. 문화체계가 인간의 행위를 결정한다는 의미 속에는 그 문화체계와 배치되는 행위를 철저하게 통제한다는 것을 함의하고 있기 때문이다. 『즐거운 사라』부터 영화 <거짓말>까지 음란물로 취급받거나 취급받을 뻔했던 표현물들은 도덕과 풍속에 내재한 부정적인 측면의 희생물이었다고 할 수 있다.

자본주의사회에 들어와 도덕과 풍속은 중세시대의 견고한 자태를 점차 상실하며 점진적으로 변화하고 있다. 자본주의사회는 인간의 역사상 처음으로 물질적 변화와 함께 가치의 변화를 일상적으로 이끄는 역동적인 사회인 데다가 합리성이나 개인주의를 강조함에 따라 인간의 자유를 급신장시키고 있는 사회이기 때문이다. 특히 인간의 자유를 극대화하려는 성향의 자본주의사회는 통제적인 요소를 내포하고 있는 도덕과 풍속에 계속 결정타를 날리고 있다. 즉 보다 자유롭게 삶을 영위하려는 인간의 욕구로부터 부상하는 가치와 이를 통제하려는 기존의 도덕과 풍속이 극심한 갈등을 겪지만 언제나 승리는 부상하는 가치에게 돌아가고 있다는 의미이다. 자본주의사회는 변화에 적응하지 못하는 낡은 가치체계를 철저하게 파괴하고 유린하는 속성을 가지고 있기 때문이다.

인간의 자유라는 측면에서 도덕과 풍속에 대하여 지속적으로 문제제기를 하는 것은 매우 의미있는 일이다. 도덕과 풍속이 갖는 억압이나 비인간적 요소를 제거해야 우리는 인간적인 가치가 극대화된 미래를 열 수 있기 때문이다. 따라서 우리는 도덕과 풍속이라는 것을 언제나, 그리고 반드시 올바른 가치라고 절대화해서는 안되고, 기존의 것을 회의하며 어떠한 비인간적 요소를 내포하고 있는지를 규명해야 한다. 이를 위해서는 우리 문화의 변화 양상뿐 아니라 타국의 문화와 우리의 문화를 비교하고, 타국의 변화에도 관심을 가져야 할 것이다. 그래야 도덕과 풍속, 곧 문화에 내재한 비인간적 요소를 보다 용이하게 확인하고 신속하게 제거할 수 있으며, 그에 따라 우리는 훨씬 자유로운 삶을 영위할 새로운 도덕과 풍속을 만들 수 있기 때문이다. 참고로 페미니스트 저널 ≪이프≫의 발행인인 김민숙이 이란과 미국 그리고 한국의 문화를 비교하며 '서갑숙 사건'이 갖는 사회적 의미와 지향점을 도출하는 방식에서 그러한 방법을 배울 수 있다.

얼마 전 이란을 다녀왔다. 이 나라의 여성들은 머리끝부터 발끝까지 검은 차도르로 감싸지 않으면 외출을 할 수가 없다. 남자들에게 머리카락과 피부를 보여서는 안되기 때문이다. 이 나라를 지배하는 남성들이 만들어 놓은 규정이다(중략).
거의 20년 전 서른 다섯에 두 아이를 데리고 미국 유학을 갔을 때 20대 클래스메이트인 미국 여학생들이 나이 든 나에게 상담 비슷하게 물어보는 질문 중엔 그런 것이 있었다. 첫번째 데이트부터 상대 남자는 베드까지 가기를 원하는데 거절하면 자기를 싫어하는 줄 알고 두번째 데이트 신청을 안한다고, 상대 남자가 좋지만 첫날부터 베드까지 가긴 싫은데 어떻게 하면 좋으냐고 물어왔다. 파트너가 바뀌는 건 당연지사고, 나와 가장 친했던 내 나이 또래의 캐서린은 자기 친구들과의 파티에 나를 자주 초대하곤 했는데 기자, 간호사 등 30대 전문직 독신여성들인 캐서린의 친구들은 "나는 섹스를 해본 지가 벌써 한 달이나 됐어"라는 말을 아무렇지도 않게 했다. 캐서린은 지금은 ≪시카고 선타임스≫ 사진기자이다.

이것이 동시대를 살고 있는 두 나라 여성들의 삶의 실상인데 이란 여성들은 도덕적이고 미국 여자들은 부도덕한 여성이라는 생각이 들지 않는다. 이란의 잣대로는 모두 감옥행일게 분명한 내 미국 친구들은 성실하고 능력있고 진취적인 여성으로 사회의 지탄은커녕 미국의 힘의 원천에 보탬이 되는 여성들이다.

우리는 지금 『나도 때론 포르노그라피의 주인공이고 싶다』의 저자 서갑숙을 어떤 잣대로 재고 있는가. 이란의 잣대로는 아마도 사회에서 매장해야할 종신형 내지는 돌팔매로 때려죽이는 형을 받아야 할지도 모르지만 미국의 잣대로는 "참 웃기는 나라네. 이 지구상에 아직도 그런 나라가 있어?" 할지도 모른다(중략).

서갑숙의 책이 왜 문제가 되는가. 나에겐 이 책을 문제삼는 이 나라 남성들의 반응이 호스트 바에 보인 민감한 반응과 일맥상통하는 바가 있는 것처럼 보인다. "감히 여자가 남자 술시중을 받아?" 하면서 보인 분노. 섹스는 이제까지 남성의 즐거움을 위해 남성 주도로 이루어져왔다. 여자는 단지 남자 가문의 대를 이을 아들을 얻기 위한 필요에서거나 남자의 성에너지 분출을 위한 대상으로서 존재해 주기를 바라왔는데 처음엔 일자리를 넘보더니, '남자 권위의 상징인 담배를 피우질 않나, 남자 접대부를 거느리고 술을 마시질 않나, 이젠 마지막 보루인 성의 주도권까지 넘보려 해' 하는 반응 말이다.

　　서갑숙의 책은 어느 면에선 상당히 보수적이다. 『채털리 부인』같은 구세대 소설의 주인공처럼 성의 환희에 눈떠가는 과정을 자신의 삶의 우여곡절 사연과 함께 버무려놓은 지극히 구태의연한 자전 에세이일 뿐이다(중략). 어느 유명 남성작가는 서갑숙의 책이 청소년에게 유해한 책으로 판정받은 것은, 그는 다른 고상한 표현을 썼지만 서갑숙은 아리송하게 미사여구로 포장하지 않아 문학작품의 성묘사와 달리 문제가 되기 때문이라고 했다. 그러나 나는 이 문제의 본질은 여성이 성의 환희를 남성처럼 다양한 경험을 통해 주도적으로 탐구하려 했다는, 즉 선악과를 따먹으려 했다는 데 남성들이 경악하는 것이라고 본다.

　　과부가 재혼하면 지탄받던 시대에도 재혼하는 여성은 있었고, 이혼이 인생매장이던 시대에도 이혼하는 여성은 있었으며, 신분이 다른 가문간의 결혼이 금지되던 시대에도 사랑만으로 이를 어기는, 금기를 깨는 여성들은 항상 있어왔다. 그런 여성들이 있었기에 남녀칠세부동석의 규범만이 진리이던 사회가 이만큼이나 달라진 것이다. 서갑숙, 그대는 또 하나의 금기를 깨는 여성으로 기억되기 위해 좀더 당당하게 처신해 줬으면 한다(≪문화일보≫ 1999.19.28).

여러 국가들의 문화를 비교하며 '서갑숙 사건'의 본질을 추출하는 김민숙의 방법론은 단지 기존의 도덕과 규범만을 강조하는 보수주의자들에 비해 우리 문화의 수준이 어디에 놓여 있고, 무엇을 지향해야 하는지를 분명하게 제시했다는 점에서 참으로 빛나는 글이라고 해도 과언이 아니다. 물론 인류학자들이 말한 바대로 문화의 상대주의라는 관점에서 미국의 문화를 이란과 한국이 그대로 추종하는 일은 자국의 문화적 정체성을 비하하거나 경시하는 처사에 불과하다는 비판을 받을 수 있다. 하지만 그렇다고 해서 이란과 한국에서 굳건히 지켜져오는 가부장제에 기반한 도덕론의 비인간적인 문제를 무시하고 회피하는 일이 과연 바람직하다고 할 수 있는가? 그리고 보다 근본적인 문제제기로 문화란 고정불변의 절대적인 가치라고 정의될 수 있다는 말인가?

인류학자들이 말한 문화의 상대주의를 곡해할 필요는 없다. 인류학자들은 한국처럼 수저로 밥을 먹는 문화가 포크로 식사를 하는 미국문화나 손으로 음식을 먹는 아랍문화와 비교해서 야만적인 것이 아니라고 말할 뿐이다. 인류학자들은 비합리적으로 보이는 원시부족의 기우제가 사회구성원의 연대감을 극대화하는 합리적 제도이므로 야만적으로 보지 말라고 자민족중심주의에 빠진 백인들에게 충고를 했을 뿐이다. 다시 말해 인류학자들이 각국의 문화에 내재한 비인간적 측면을 옹호하기 위해 문화의 상대주의를 주창한 것이 아니라는 의미이다. 인류학자들의 논지는 자국의 문화를 우월하다고 생각하여 타국의 문화를 비하하는 자민족중심주의를 비판하는 데 초점을 두었다. 따라서 우리의 인식 수준이 높아져 문화의 비인간적 요소들을 확인한다면 반드시 그 비인간성을 지양하는 것이 바람직한 문화를 형성하는 최선의 길이다.

한편 자본주의사회의 태동과 함께 가장 급변하고 있는 가치 중 하나는 성의식이라고 할 수 있다. 오랜 세월 도덕의 감옥에 갇혀 있던 성이, 긍정적으로 본다면 성 혁명이라는 차원에서, 부정적으로 본다면 성의 상품화라는 모습으로 해방되기 시작한 것이다. 그에 따라 종족보존의 기능으로서의 성행위가 이제는 유희로서의 성격을 갖는 성행위로 점진적으로 변화하고 있다.

우리는 현재 그러한 변화의 외중에 놓여 있는 바람에 다소 혼돈스러운 감정을 피할 길이 없다. 지배적인 도덕과 풍속으로는 도저히 용납될 수 없는 행위이지만 역사의 방향이 그렇다면 인간의 의지로 막을 수도 없기 때문이다. 그래서 "흐르는 강물을 막을 수는 없지만 수위조절은 필요한 것 아니냐"는 검찰의 궁색한 답변이 나오기도 하고, 사법처리를 강행하려는 의지를 보이다가도 곧바로 꼬리를 내리는 경우도 없지 않았다. 이는 역사의 향방을 감지하면서도 파격적인 성행위에 대한 묘사를 처벌하려는 욕구가 드러나는 과도기적 단계의 혼돈, 그 이상도 그 이하도 아니다.

그러나 역사의 정방향을 인식하는 일은 매우 중요하다. 변화의 외중에 발생할 사회적 혼돈과 갈등을 최소화하려면 반드시 미래를 정확하게 예측하는 일이 필요하기 때문이다. 그리고 우리가 분명히 인식할 수 있는 것은 도덕의 이름으로 무겁게 바라보던 성이 이제는 유희의 성격을 갖는 가벼운 대상으로 변화하고 있다는 사실이다. 서갑숙의 사례가 극명하게 보여주듯이 성의 희열을 느끼기 위해 동성애와 집단 혼음 등을 서슴지 않고 행하고, 심지어 그 희열을 혼자 간직하기 아까워 책으로 출판하기까지 하였다. 순결과 자신의 목숨을 동등하게 보는 은장도 문화와 성욕을 이기기 위해 과부가 대침을 자신의 허벅지에 사정없이 찌르던 문화에서는 감히 상상도 할 수 없는 일이 지금 한국에서 벌어지고 있다는 뜻이다. 그것도 아주 당당하게 자신의 성행위를 공개하면서 말이다.

자본주의사회가 성립한 이후 성의식의 변화를 확연히 드러내는 현상들은 무수히 많다. 종족보존이나 가문의 영속성으로 특징화되었던 결혼이 남녀간의 사랑을 기초로 하는 결혼으로 변화한 일이나, 혼전 성관계의 증가, 오럴섹스 등 전희의 보편화, 성문제로 인한 이혼의 증가 그리고 성욕망의 분출구로 단지 섹스가 목적인 매매춘의 활성화 등이 그러한 대표적인 현상들이다. 또한 1990년대 오렌지족들의 인스턴트적인 성격의 성행위나 익명성의 조건을 활용한 '묻지마 섹스', 그리고 전화방이나 인터넷과 PC통신을 만남의 수단으로 이용한 성행위 등도 성의 가벼움에 일조한 사회적 현상들이다. 따라서 이제 성행위란 기존의 도덕과 관념으로 인정하기 어렵다고 해도 성욕구를 충족시키거나 유희를 위해서라면 누구하고나 관계를 맺을 수 있는 가벼운 대상으로 전락하는 추세라고 해야 할 것이다.

물론 여기서 거론된 많은 현상들이 왜곡된 성문화를 반영하는 것이라고 비판할 수 있다. 그리고 이러한 왜곡을 바로잡는 것이 바람직한 사회를 형성하는 최선의 길이라고 주장할 수 있다. 하지만 왜곡이란 무엇인가? 우리가 '정상적인 성'과 '비정상적인 성'을 도덕적으로 구분하고 '정상적인 성'이라는 범주에 들어오지 않는 성행위를 비정상적이라고 매도하는 것 아닌가. 그럴 경우 사회의 변화가 기존의 도덕과 풍속이 정의하는 정상과 비정상의 구분 자체를 해체시키고 있다면 그런 논의는 단지 기존의 도덕과 풍속을 지키기 위한 안간힘에 불과하다. 역사의 흐름이 성의 가벼움에 있다면 누가 그 흐름을 역류시킬 수 있겠는가!

성 표현물도 성을 가볍게 바라보는 문화의 부산물일 뿐인 것이다. 특히 포르노의 등장은 공식적이건 비공식적이건 간에 성의 가벼움을 사회에 완전히 선언한 것이라고 해도 과언이 아니다. 사적 공간에서 벌어지는 은밀한 행위를 공적인 매체로 적나라하게 표현했기 때문이다. 다시 말해 포르노의 출현은 성행위란 무슨 특별하고 큰 의미가 부여되는 행위라기보다는 밥 먹고 쇼핑하는 일상적 행위와 별 차이가 없다는 점을 명백히 했다는 의미이다. 따라서 포르노의 유통이 사회적으로 공인되는 순간 그 사회를 지배하는 성 의식은 '무거운 성'이나 '도덕적인 성'이 아니라 '가벼운 성'

과 '유희의 성'이라고 해야 할 것이다. 포르노의 자유로운 유통을 허가한 국가들은, 비록 기존의 도덕과 풍속을 절대적 진리로 인정하는 보수주의자들에게는 받아들이기 어려운 이야기겠지만 '성 혁명'을 사회적으로 완수하고 내실을 다지는 단계에 도달한 것이라고 하겠다.

그리고 우리는 그런 국가들이 선진국들이고, 민주주의의 완성도가 높으며 표현의 자유를 가장 보장하는 나라들이라는 사실에 주목을 해야 한다. 반면 포르노를 음란물로 규정하며 사회적 유통을 억제하는 우리는 바로 성숙의 전 단계에서 마치 미성숙의 껍데기를 벗으려고 혼미의 혼미를 거듭하고 있다고 해야 올바른 해석일 것이다.

2. 포르노의 자유와 그 의미

포르노는 분명히 자본주의사회가 토해낸 가장 저질의 문화산물이다. 단지 도덕론의 입장에서 그런 것이 아니라 단순히 여러 가지 체위를 가진 성행위를 반복적으로 묘사하며 인간의 성욕구를 대리로 배출하는 기능 이외에 별달리 유익하다고 할 만한 내용이 없기 때문이다. 누드 사진처럼 인간의 신체에 대한 아름다움이나 추함을 탐색하는 것도 아니고, 소설이나 영화의 명작처럼 인간적 삶을 감동적으로 그린 것도 아니며 형식적인 측면에서 새로운 그 무엇을 창조하는 것도 아니다. 단지 성행위를 적나라하게, 아니 오르가즘을 느낀 척 연기하므로 사실은 상당히 과장되게 보여주는 것을 제외하고는 얻을 것이 없는 문화산물이 바로 포르노이다.

그러나 그런 포르노를 하나의 표현물로 인정하는 것은 내용과 형식의 저질과 무관하게 상당히 중요한 사회적 의미를 지닌다. 세상에서 가장 저급한 표현물에게 자유를 부여하는 순간 유통의 측면에서 어떠한 표현물에 대해서도 사회적으로 억압하는 일이 거의 없어져 표현의 자유는 그만큼 성장하는 것이기 때문이다. 포르노가 표현물로 인정받는 것은, 표현의 자유라는 이념이 그토록 바라던 모든 사상과 함께 표현의 자유로운 유통을 보장하는 마지막 관문이라고 할 수 있다.

한국 사회는 아직까지 미국의 포르노잡지 ≪허슬러≫의 발행인인 래리 플린트처럼 '포르노의 자유'를 공개적으로 주창할 수 있을 만큼 성숙한 사회가 아니다. 표현의 자유를 적극 옹호하는 사람들조차도 포르노의 자유를 주창할 경우 발생할 곤혹스러운 문제들을 고려해서인지 과감하게 나서지 못하는 형국이기 때문이다. 물론 간혹 영화 <래리 플린트>가 개봉될 즈음 영화 소개와 함께 포르노의 자유를 사회적으로 논의하기를 바라는 글들이 나오기는 하지만 말이다. 다음의 기사는 그러한 대표적 사례이다.

영국 런던의 소호 지역은 이를테면 한국의 대학로다. 이곳 '신사의 나라' 한복판에 포르노물로 가득 찬 섹스숍이 버젓이 들어서 있고, 서점에선 일반 서적과 포르노물을 함께 판다. 문화적 자부심으로 가득 찬 프랑스의 거리 가판점에는 ≪르몽드≫와 포르노 잡지들이 나란히 진열돼 있고, 밤이면 유료 채널 텔레비전 '카날+'가 심심찮게 포르노를 틀어준다. 일요일 밤이면 공중파 텔레비전의 채널에선 서슴없이 포르노를 방영한다. 지난 1일 중국에 반환된 홍콩 거리의 신문가판대에는 동양 여자들의 벗은 몸만 찍어 게재한 홍콩판 ≪펜트하우스≫가 거리낌없이 놓여 있다. 일본? 위성에서 쏘아대는 영화전문텔레비전에서 늦은 밤마다 규칙적으로 포르노를 방영한다. 게다가 시청자의 투표로 최고의 여자배우를 뽑아 '하이라이트'만 모아 보여주기까지 한다. 성기 부분이 모자이크 처리된다는 점에서 프랑스와 다를 뿐이다.

가히 포르노의 전지구화다. '포르노는 유죄인가, 무죄인가' 라는 질문이 새삼스러울 정도다. 그곳에서 일고 있는 포르노에 대한 논의는? 두 가지 논쟁적인 관점이 국내로 이어진다. 포르노그라피도 '표현의 자유'를 지닌다는 논리를 여러 각도에서 점검하는 영화 <래리 플린트>와 인종차별이 불법이듯 성평등을 부정하는 포르노는 불법이라는 미국 페미니스트 법률가 캐서린 매키넌의 저서 『포르노에 도전한다』가 그 관점을 제공한다. 사회통념이라는 애매한 잣대로 더 이상의 논의를 허용하지 않는 국내 현실과 달리, 이들의 논점은 무엇이 민주주의 원칙에 더 충실한가에 맞춰져 있다.

오는 12일 국내 개봉하는 <래리 플린트>는 미국 포르노

잡지 ≪허슬러≫의 발행인 래리 플린트가 자신의 잡지에게 표현의 자유를 확실히 안겨주기까지의 과정을 그리고 있다. 래리 플린트의 주장은 명료하다. "나 같은 속물의 권리가 보호받으면, 모든 사람들의 권리도 보호받을 수 있다." "살인은 불법이지만 그것을 촬영해 ≪뉴스위크≫에 실으면 퓰리처상을 받는다. 섹스는 합법이지만 그것을 촬영해 잡지에 실으면 감옥에 가야 한다. 뭐가 더 유해한가." 외설물 퇴치론자들은 표현의 자유를 내세우는 그에게 속수무책이고, 대법원은 ≪허슬러≫가 미국의 유명한 복음전도사 제리 폴웰 목사를 근친상간의 위선자인 양 묘사한 것에 대해서도 미국 수정헌법 1조의 '표현의 자유' 조항을 들어 무죄판결을 내린다.

삶의 질을 하향평준화하는 권력에 대항하려는 이 같은 시각은 의외의 지점에서 공격받는다. 최근 국내에도 출판된 『포르노에 도전한다』는 포르노가 표현의 자유를 누릴 만한 표현물이 아니라고 주장한다. 약자인 여성을 모욕하고, 학대하고, 여성에 대한 폭력을 정당화시키는 포르노는 '표현'이 아니라 남성권력이 여성에 가하는 폭압의 행동일 뿐이라는 것이다(중략). 무엇보다 사회적 약자인 여성의 '성 평등권'이 '표현의 자유'보다 더 우선적으로 보호돼야 할 기본권이라는 입장이다(≪한겨레≫ 1997.07.11).

신문기사가 잘 보여주듯이 서구와 일본 등 선진국들은, 심지어 방송매체가 포르노물을 방영할 정도로 포르노의 자유를 확실하게 보장하고 있다. 그리고 이러한 자유는 아무런 노력과 실천 없이 그냥 주어진 것이 아니다. 래리 플린트가 "속물의 자유를 보장해야 모든 사람의 자유를 보장할 수 있다”고 외친 것처럼 법정에서 투쟁을 통해 획득한 자유인 것이다. 그것도 최고의 지성인이 아니라 저질의 포르노 잡지를 발행하는, 자타가 공인하는 속물의 실천을 통해서 말이다.

그리고 미국의 대법원이 보여준 성숙한 태도와 자세를 가볍게 보아서는 안된다. 포르노물의 유해성에 대한 보수적인 사고가 지배적인 당시의 미국 사회에서, 대법원은 표현의 자유를 보장하고 있는 수정헌법 1조에 근거하여 포르노를 하나의 표현물로 인정하고, 포르노의 자유를 대내외적으로 천명했을 뿐 아니라 명예훼손보다 표현의 자유를 보다 중시한 것이다. 이 과정이 얼마나 극적이었으면 밀로스 포만 같은 거장이 포르노의 자유를 위한 속물의 투쟁과 실천을 영화로 그려냈겠는가!

또한 최근 미국의 법원은 청소년 보호를 목적으로 인터넷 포르노 사이트의 행태를 규제하려는 법을 위헌이라고 판결하였다. 청소년에게 포르노를 제공하는 행위를 범죄로 규정하는 것은 표현의 자유라는 대원칙에 어긋난다는 의미이다. 이러한 사실은 다음과 같은 신문기사에 잘 묘사되어 있다.

미국 버지니아 주가 온라인 포르노 등 인터넷 유해정보로부터 청소년을 보호하기 위해 제정한 법률이 언론출판의 자유를 보장하는 연방헌법에 위배된다는 이유로 시행금지 판결을 받았다.

10일 버지니아 주의 샬럿스빌발 AP 통신과 ≪워싱턴포스트≫ 등에 따르면 해리 마이클 주니어 연방법원판사는 섹스 관련 사진 및 자료들을 인터넷을 통해 청소년들에게 팔거나 제공하는 행위를 범죄로 규정한 버지니아 주 법에 대해 위헌 판결을 내렸다(≪문화일보≫ 2000.08.11).

우리는 표현의 자유를 단지 말로만이 아니라 구체적으로 실천하려는 서구의 진지한 태도를 본받아야 한다. 한국처럼 헌법의 기본권으로 인정하면서도 실제에서는 표현물을 통제하려는 사회는 사실상 너무나 표리부동한 모습을 보이고 있다고 해야 할 것이다. 다시 말해 헌법은 보편적 수준에서 최상위의 가치를 대변하고 있음에도 불구하고 법의 적용은 언제나 국가보안법이나 형법 등의 하위법들이 더욱 기세등등하다고 할 수 있다. 다시 말해 법의 적용에 있어서 특수한 조건이 보편적 조건을 억누르고 있는 것이 한국 사회의 엄연한 현실이라는 뜻이다. 그럴 경우 우리가 어떻게 한국 사회를 표현의 자유가 극대화된 자유민주주의사회라고 감히 단언할 수 있겠는가!

한편 캐서린 매키넌이 페미니스트적 관점에서 포르노란 남성권력이 여성에게 폭력을 가하는 행위일 뿐, 표현물이 아니라는 주장은 일견 타당하면서도 과잉 해석된 측면이 없지 않다. 페미니스트적 관점에서 보면 포르노가 내용상 여성을 성적 도구화시키는 경향을 강하게 보이는 것이 사실이다. 그리고 이는 당연히 비판받아 마땅하다. 그러나 매키넌이 포르노가 표현물이 아니라고 주장한 것은 다분히 감정에 치우쳐 나온 인식상의 오류에 불과하다. 포르노는 내용이 어떻든 간에 성행위를 묘사했다는 측면에서 분명히 하나의 표현물이기 때문이다. 그럴 경우 매키넌은 포르노 자체를 표현물이 아니라고 부정할 일이 아니라 포르노의 내용을 남녀 평등의 관점에서 묘사해야 한다고 주장했어야 할 것이다. 그럼에도 불구하고 매키넌이 자신의 주장을 계속 밀고 나간다면 독단에 빠질 가능성이 농후하게 된다.

3. **표현의 자유와 형법** 234조, 244조, 245조

포르노의 자유가 표현의 자유를 극대화하는 마지막 관문이라면 우리는 적극적으로 그 자유를 인정하면 그만이다. 포르노의 자유가 역사의 흐름이라면 우리는 주저할 필요없이 형법 243조, 244조 그리고 245조를 폐지하면 그만이다. 두려울 것은 없다. 우리가 역사의 정방향에 서 있는데, 그리고 우리가 자유민주주의사회를 완성시키겠다는데 무엇이 두렵고, 누가 그 도도한 흐름을 막을 수 있겠는가!

또한 포르노의 자유를 인정하고 있는 서구와 일본은 우리 사회와 비교할 때 더 음란한 사회라고 단정지을 수 있겠는 가? 신문가판대에는 ≪플레이보이≫와 ≪펜트하우스≫ 그리고 ≪허슬러≫ 등의 포르노잡지들이 ≪뉴욕타임스≫나 ≪워싱턴포스트≫지와 함께 버젓이 팔리고 있고 위성채널 에서는 디스커버리(Discovery)와 아트 앤드 엔터테인먼트 (Art & Entertainment) 등과 같은 공익적 채널과 함께 포르 노가 방영된다고 해서 서구와 일본 사회의 음란성이 실제로 한국에 비해 더 높다고 장담할 수 있는가? 결코 그렇지 않 다. 밤마다 켜지는 네온사인 간판들에 분명히 적혀 있는 단 란주점이나 룸살롱, 그리고 안마시술소 등이 아주 성황리에 유지되고 있다는 점을 감안한다면 한국 사회의 음란성이 서 구나 일본과 비교할 때 막상막하면 막상막하지 결코 뒤지지 않는다.

그리고 포르노는 사회적 수요가 존재하는 한 법적 통제 가 있다고 하더라도 암시장(black market)이 형성되어 음성 적으로 유통될 수밖에 없고, 현실 또한 그렇다. 가끔 언론에 서도 언급하듯이 아주 오래 전부터 종로의 세운상가 근처가 음란물의 유통 거점이라는 사실은 거의 모르는 사람이 없 다. 더욱이 최근에는 용산전자상가에서 불법 포르노 CD가 유통된다는 것은 어른보다 청소년들이 더 잘 알고 있는 사 실이다. 따라서 음란물을 제작하고 유통시키면 처벌하는 형 법 243조, 244조 그리고 245조는 있으나 마나한 법조항이

다. 검찰과 법원이 단지 몇몇 소수의 유통업자를 처벌한다
고 해서 포르노의 광범위한 사회적 유통을 제어할 수 없기
때문이다.

그러할 때 포르노의 자유를 보장한 서구나 그것을 억압
하고 있는 한국이나 포르노의 영향력의 정도와 강도는 거의
유사하다. 더구나 인터넷을 통해 자유롭게 포르노 사이트를
넘나드는 작금의 현실에서 우리나라와 다른 나라를 비교한
다는 발상 자체가 무의미한 일일지도 모르겠다. 사실상 한
국 최대의 포르노 유통망이었던 세운상가나 용산전자상가
는 인터넷 포르노사이트 때문에 더 이상 암시장을 유지하기
조차 힘든 현실이다. 그리고 이러한 시대에 형법 243조,
244조 그리고 245조는 더욱 실효성 없는 법조항으로 전락
할 수밖에 없다. 한국에서만 효력이 있는 이 법조항들은 세
계 포르노시장을 석권하여 포르노 사이트를 운영하고 있는
미국과 일본 등의 포르노 제작자와 유통업자에게는 어떠한
처벌도 할 수 없기 때문이다.

포르노의 자유를 인정하고 암시장이 아닌 공식적인 시장
에서 포르노를 유통시키는 것이 가능한 사회에서는 포르노
의 생산과 유통 그리고 소비 등의 전체적인 메커니즘과 윤
곽을 투명하게 볼 수 있다는 점에서 청소년 보호이건 과세
의 차원이건, 아니면 내용의 차원이건 간에 포르노시장을
훨씬 효과적으로 관리할 수 있다. 투명한 것처럼 사회적 관

리가 용이한 조건은 세상에 없기 때문이다.

사실상 우리는 한국 사회에서 어떠한 내용의 포르노가 얼마나 유통되고 있고, 누가 소비하고 있는가에 대한 정보가 거의 없다고 해야 할 것이다. 이런 상황에서는 포르노가 한국 사회에 얼마나 강한 영향력과 효과를 미치고 있는지, 그리고 청소년에 미치는 영향력이 어느 정도인지를 논의하는 일 자체가 어불성설이다. 중요한 자료들이 누락된 상황에서 할 수 있는 논의란 포르노 자체에 대한 도덕적 판단 이외에 제대로 할 수 있는 일이 아무 것도 없기 때문이다. 최소한 소비의 측면에서는 누가 어떠한 경로를 통하여 포르노를 구매 또는 접촉하고, 왜 보는지, 그리고 어떠한 내용물의 포르노를 즐겨 보며 어떠한 시간과 장소에서 보고 있는지를 알아야 하며, 생산과 유통의 측면에서는 누가 얼마나 어떠한 내용의 포르노물을 생산하고 유통시키고 있는지를 정확하게 알아야 포르노의 영향력에 대한 상세한 논의를 할 수 있는 것이다. 또한 청소년을 보호하기 위해 어떠한 대책을 마련해야 하는지도 총체적으로 점검할 수 있다. 따라서 정확한 자료 없이 행하는 논의와 대책이란 탁상공론이나 공염불에 불과하다고 할 수 있다.

물론 암시장에 대해 대강의 윤곽을 모르는 바가 아니다. 더욱이 인터넷 포르노사이트는 클릭횟수 등의 정보를 제공하기 때문에 대중들이 선호하는 사이트나 포르노물이 무엇인지를 쉽게 알 수 있다. 'O양 비디오' 사건처럼 어떤 포르노가 사회적 이슈를 제공할 정도로 사회에 광범위하게 유포되고 소비되었는지도 알 수 있다. 그러나 포르노산업을 공식적으로 인정하면 더욱 상세하고 정확한 정보를 가지고 사회적으로 관리할 수 있다. 어차피 검찰과 법원이 포르노의 암시장을 효과적으로 제어할 수 없다면 차라리 공식적으로 인정하고 관리하는 것이 그러한 조건에서 최선이라는 의미이다.

또한 포르노 상품의 특성이 지극히 사적이라는 점을 감안한다면 공적인 영역에서 포르노를 유통시키더라도 포르노의 소비가 갑자기 급상승하는 경우는 거의 발생하지 않는다. 단적인 예로 서구나 일본의 포르노 채널이 갖는 시청률이란 우리가 생각하는 것처럼 그렇게 높지 않다. 특히 지상파 TV의 주시청시간대(prime time)의 오락프로그램의 시청률과 비교하면 경쟁력에서 상대가 되지 않는다. TV가 매스미디어의 대표적인 가족매체라는 점을 고려하면 어느 누구도 가족과 함께 포르노를 시청할 사람이 없기 때문이다. 그러므로 포르노의 특성상 포르노를 공적으로 유통시키더라도 암시장에서 유통되는 것과 큰 차이가 없다. 다시 말해 포르노의 자유를 인정할 경우 우리가 얻을 것은 포르노산업의 투명성과 그에 따른 관리능력의 향상이지만 잃을 것은 별반 없다는 뜻이다.

　그렇다고 한다면 '표현의 자유를 억압한다'거나 '민주주의와 사회의 성숙도의 수준이 낮다'는 비판을 들으며 그러한 비판들을 가능케 하는 형법조항들을 금과옥조처럼 받들 이유가 전혀 없다. 차라리 그러한 법조항들을 폐지하는 것이 여러모로 유익한 일이다. 다만 청소년을 보호하는 법과 제도적 장치를 마련하여 청소년에 대한 포르노의 영향력을 최소화하는 일은 사회적으로 여전히 필요하다.

제5장 결론

"누가 표현의 자유를 억압하는가?"

제5장 결론

"누가 표현의 자유를 억압하는가?"

표현의 자유는 '한 사회가 얼마나 인간의 자유를 보장하고 민주주의를 완성시키고 있는가'를 비교적 정확하게 가늠할 수 있는 객관적인 잣대이다. 표현의 자유를 보장하면 할수록 그만큼 인간의 자유와 민주주의의 완성도가 높아진다는 것은 주지의 사실이다. 그래서 선진국일수록 표현의 자유를 극대화하는 반면에 후진국일수록 표현의 자유를 통제하려는 권력의 욕구가 강하다고 하겠다.

그러면 한국은 어느 지점에 와 있는가? 누구나 인정하겠지만 한국은 선진국보다는 못하고, 아직도 독재의 망령에서 헤매고 있는 후진국보다는 나은 정도이다. 그러나 한때 1인당 국민총생산이 1만 달러를 넘었던 우리의 경제적 수준에 비하면 표현의 자유를 보장하는 정도가 상대적으로 미약하다. 즉 경제적 수준과 민주주의의 완성도 간의 관계가 아주 긴밀하다는 점을 감안한다면 우리는 경제적 수준에 걸맞은 민주주의, 또는 표현의 자유를 확보하고 있지 못하다는 뜻이다.

이렇게 된 데에는 여러 가지 이유가 있을 수 있지만 무엇보다도 한국전쟁이라는 동족상잔의 비극을 직접 경험하게 한 분단의 현실이 주원인이라고 할 수 있다. 서로에게 총부리를 들이대는 동족상잔의 기막힌 현실을 체험하고, 남과 북 모두 이념의 대립을 극단적으로 펼치며 표현의 자유, 특히 상대방이 지향하는 정치적 가치와 표현들을 직접적으로 억압하여왔다. 그래서 한국의 경우에는 표현의 자유를 지향하는 사회인 자유민주주의를 지향한다고 하면서도 반공을 국시로 삼고 공산주의, 곧 마르크스주의를 체계적으로 통제하는 이율배반적인 모습을 보이기도 했던 것이다.

게다가 전쟁 이후 분단의 현실에 편승하여 이를 정치적으로 악용했던 정치권력과 극우 언론들의 존재는 표현의 자유가 숨쉴 수 있는 여지를 말살하는 결과를 낳았다. 박정희 독재정권의 암울한 시절에 김지하가 목숨을 걸고 쓴 <타는 목마름으로>라는 시가 분명하게 보여주듯이 당시에는 '민주주의'라는 어휘 자체를 마음대로 쓰기조차 어려운 시대였다. 또한 분단 이후 민주주의를 위해 고문당하고 죽임을 당한 희생자가 얼마나 많았던가를 회상하면 표현의 자유가 얼마나 치욕적으로 유린당했는지를 쉽게 알 수 있다. 그러한 치욕과 유린을 주도한 정치권력의 만행과 극우언론의 침묵은 장구한 역사 속에서 분노와 함께 영원히 기억될 것이고, 또한 반드시 그렇게 되어야 한다.

1987년 6·10민주항쟁 이후 한국 사회는 괄목할 만한 민주화의 진전을 체험하고 있다. 와중에 6·29선언도 있었고, 문민정부가 탄생했으며 50년 만에 여야의 정권교체도 이루어냈다. 그에 따라 금기시되던 마르크스주의가 학문의 한 영역으로 자리잡을 정도로 표현의 자유 또한 신장되었다.

그러나 표현의 자유가 신장되고 있는 것은 사실이나 완성도의 측면에서 충분하지 못한 것도 사실이다. 특히 이적물의 표현을 제약하는 국가보안법의 해당 조항이나 음란물의 생산과 유통을 통제하는 형법의 해당 조항들이 여전히 표현의 자유를 극대화하는 데 걸림돌로 작용하고 있다. 만약 이러한 법조항들이 현실적인 강제력을 갖고 존속된다면 검찰과 국가정보원 등 국가권력은 조항에 위배되는 표현물들을 체계적으로 통제하게 될 것이고, 그에 따라 우리 사회는 자유민주주의를 완성시킬 수 없을 것이다.

한 가지 명심해야 할 점은 시간이 지날수록 전세계가 단일의 지구촌화를 현실화시키고 있다는 사실이다. 인터넷 등을 통해 전세계인들이 주요 정보를 실시간으로 함께 공유하는 것은 물론이고, 국경의 의미가 무색할 정도로 세계시장이 점점 단일화되어 가고 있다. 그 결과 행위와 가치의 수준에서 '글로벌 스탠다드(global standard)'라는 일종의 전 세계가 공유할 수 있는 기준을 추종하는 경향이 발생하였다. 과거에는 자국의 역사적 특수성과 문화적 정체성으로부터 비롯된 행위와 가치로 별 무리 없이 세계 속에서 성장할 수 있었다면, 이제는 세계 어느 나라나 인정할 수 있는 보편적 행위와 가치를 따르지 못하면 성장은커녕 국가의 존립 자체가 위기에 빠지는 국면이 되었다는 뜻이다. 단적인 예로 1997년에 발생한 IMF 위기는 그러한 과정의 결과였다고 할 수 있다. 세계가 단일한 시장을 형성하는 과정에서 합리성과 효율성을 극대화하는 경제체제로 재구조화했어야 함에도 불구하고 그렇게 개혁하지 못한 한국 사회는 IMF라는 초유의 경제위기를 경험할 수밖에 없었던 것이다.

표현의 자유나 인권 등 한 사회의 가치체계 또한 물적 토대인 경제체제처럼 '글로벌 스탠다드'에 걸맞게 변화해야 한다. 표현의 자유를 억압하고 인권을 경시하는 사회적 풍토의 국가라면 후진국 취급을 받으며 국제 사회의 조롱거리만 될 뿐이다. 따라서 한국 사회가 '우물 안 개구리' 식의 좁은 안목과 시각에서 벗어나 세계의 일류 국가들과 당당히 경쟁할 수 있는 물적 토대와 가치체계를 재구조화하는 일은 피할 수 없는 시대적 과제이다.

특히 인간의 자유와 권리를 대표한다고 할 수 있는 표현

의 자유를 제약하는 일은 가장 시급히 해결해야 할 문제이
다. 냉전적 사고에서 탈피하지 못한 국가보안법의 해당 조
항이나 음란물을 통제하는 형법의 해당 조항은 '글로벌 스
탠다드'에 어긋나는 법 규정에 지나지 않는다. 새천년이 시
작됐는 데도 불구하고 아직까지 냉전적 사고나 고루한 도덕
적 판단의 부산물이 사회적 영향력을 행사한다는 것은 매우
부끄러운 일이다.

그리고 우리 사회는 북한의 주장을 맹목적으로 추종하거
나 포르노에 광적으로 빠질 정도로 성숙하지 못한 사회가
결코 아니다. 대다수의 사회구성원들은 경제적 빈곤으로 고
통받는 북한사회에 대해 안타까움을 느낄 망정 동경하지는
않는다. 마찬가지로 그런 북한 사회의 이념에 대해 현실적
으로 동의할 사람도 별로 없다. 또한 자본주의사회의 급박
한 일상생활에 치여 포르노에만 전적으로 매달릴 시간적 여
유를 가지고 있는 사람도 그리 흔치 않다. 검찰 등 국가권
력이나 극우언론 그리고 보수주의자들이 이적물과 포르노
에 대해 갖는 우려는 단지 기우일 뿐이다.

그리고 정치적인 극우 세력들은 다음과 같은 점을 분명
히 가슴 깊이 새겨야 한다. 자신들의 가치와 판단이 절대적
으로 옳다고 가정하며 타인의 표현을 억압하려는 자들이 도
리어 자유민주주의사회와 열린 사회의 적이라는 사실을 말
이다.

못다 한 이야기

표현의 자유와 사회적 책임

'모든 표현물을 자유롭게 유통시켜야 한다'라는 표현의 자유 이념은 고전적인 자유주의사상에 기반한 가치체계이다. 표현의 자유 이념은 정치권력의 통제가 극심했던 상황에서 나왔기 때문에 표현물의 자유로운 유통, 즉 사상의 자유로운 시장을 형성하는 데 이론적인 초점을 두었다.

그러나 20세기 들어와 표현의 자유만큼이나 표현물의 사회적 책임을 중시하는 사회적 경향이 나타나기 시작하였다. '표현의 자유에는 언제나 사회적 책임이 뒤따른다'는 것이 새로운 경향의 핵심 논지이다. 그리고 이러한 가치체계는 이론적으로는 사회적 책임 이념으로 나타났다.

고전적인 자유주의 이념에 기반한 표현의 자유 이념이 온전하게 존재함에도 불구하고 사회적 책임이라는 이념이 새롭게 보완적인 성격을 갖고 출현한 이유는 20세기에 들어와 과거에는 전혀 예측하지 못한 문제들이 발생했기 때문이다. 그것은 '언론의 소수 대기업화'와 황색저널리즘으로 지칭되는 '언론의 선정주의'였다. 정치권력의 통제에도 불구하고 19세기까지만 하더라도 다수의 언론사가 다양한 이념적 스펙트럼하에서 자신의 사상과 의견을 표명했지만 20세기 들어와서는 언론사가 소수 대기업화하며 그들의 의견만이 시장에서 유통되는 우려할 만한 현상이 발생했다. 동시에 언론사간의 시장경쟁이 치열해지면서 선정적인 기사가 범람하기 시작하였다. 표현의 자유를 극대화하면 사회적으로 최선의 결과가 산출된다고 주장했던 고전적인 자유주의 이념의 예측과는 달리, 저질의 문화산물이 범람하는 가운데 표현의 자유를 위협할 수 있을 정도로 의견의 다양성이 축소되었던 것이다. 그에 따라 표현물의 사회적 책임, 좀더 정확하게는 대규모 언론사의 사회적 책임을 강조하는 이념이 발생했다.

사회적 책임 이념의 입장에서 본다면 포르노는 사실상 제작되거나 유통되어서는 안되는 문화산물이다. 저질의 극치인 포르노가 수행해야 할 사회적 역할이란 성적 욕구를 대리로 배출하는 것 이외에 별다른 역할이 없을 뿐 아니라 사회적 해악을 끼칠 가능성이 농후하기 때문이다. 더욱이 사회적 책임 이념 자체가 언론의 선정성이라는 현상에 대한 반응이자 대응이었다는 점을 고려한다면 포르노와 사회적 책임 이념은 표현의 자유 이념과는 달리 양립하기 어렵다고 하겠다.

그러나 여기서 반드시 짚고 넘어가야 할 점은 사회적 책임 이념이 표현의 자유 이념을 대체하기보다는 보완하는 성격을 가지고 있다는 사실이다. 다시 말해 표현의 자유 이념이 자본주의사회, 정치적으로 표현하면 자유민주주의를 대표하는 이념이고, 사회적 책임 이념은 단지 부수적으로 보완하는 역할에 한정되어 있다는 의미이다. 이때 이념간에 충돌이 발생하면 상위의 기준이라고 할 수 있는 표현의 자유가 판단의 기준이나 원칙으로 상정되어야 할 것이다.

사회적 책임 이념은 원래부터 책임이라는 개념이 주는 뉘앙스처럼 다분히 도덕적인 색채를 가미하고 있다. 그래서 고전적 자유주의를 추종하는 메릴(J. Merill)과 같은 학자는 사회적 책임 이념이 인위적인 도덕적 규범을 명문화한 것이므로 잘못하면 표현의 자유를 억압할 수도 있다고 비판하였다. 필자 또한 사회적 책임 이념은 자본주의사회처럼 가치의 변화가 일상적으로 이루어지는 역동적인 사회에서는 매우 조심스럽고 신중하게 현실에 적용되어야 한다고 생각한다. 즉 사회적 책임 이념은 발생의 원인 제공자였던 대규모의 언론사들이 환경감시나 상관조정(correlation) 그리고 사회화 기능을 충실하게 수행하며 사회적 책임을 다하고 있는지에 대한 평가 차원에서 활용되어야 한다는 뜻이다.

따라서 음란물에 대한 사회적 논란이 벌어지면 간혹 나타나는, 사회적 책임을 근거로 포르노의 유통을 억제하자는 주장은 자본주의사회의 대표적 이념인 표현의 자유를 전혀 고려하지 않고, 보완적인 이념인 사회적 책임을 현상에 곧이곧대로 적용한 것이다. 그리고 표현의 자유가 전제되지 않은 사회적 책임은 책임 이념의 외피로 둔갑한 일종의 도덕론에 불과하다.

명심해야 할 점은 이념을 사용하려면 그 이념이 발생한 이유와 역사적 과정을 정확하게 알고 현상에 적용해야 논의의 혼돈을 최소화할 수 있다는 사실이다. 개념이 좋아 보인다고 아무렇게나 자의적으로 사용하면 바람직한 결론은커녕 논의의 혼돈만을 가중시킨다.

등급외 전용극장과 포르노 전용극장

최근 문화계에서 논의되고 있는 주요 사안 중 하나는 등급외 전용극장과 포르노 전용극장의 설립 문제이다. 한국 사회에서 표현의 자유를 신장시키려는 일단의 지성인들이 서구의 문화선진국처럼 청소년 등의 출입을 엄격하게 제한하며 포르노의 유통을 허용하자는 취지에서 제기한 사회적 이슈가 바로 이 문제이다.

그러나 포르노 전용극장의 설립에 대해 반대하는 보수적인 층 때문에 문제는 쉽게 해결되지 못하고 있다. 이 문제에 반대하는 식자층의 논리는 포르노 전용관의 설립이 포르노의 광범위한 사회적 유통을 야기할 수 있고, 지금까지 한국사회에서 나타난 규제의 허술함을 고려할 때 청소년의 출입을 완전하게 통제하기 어렵다는 데 초점을 맞추고 있다.

보수층의 논리는 일반 대중의 보수적인 도덕관을 감안한다면 현실적으로 강력한 힘으로 작용하고 있지만 그렇게 통찰력 있는 사고가 아니다. 우선 '포르노 전용극장을 설립한다고 곧바로 포르노의 광범위한 유통이 야기될 것'이라는 논리는 찬찬히 살펴보면 다소 과장된 지적에 불과하다. 왜냐하면 실제 현실은 포르노 극장의 설립 여부와 무관하게 인터넷이나 암시장의 불법적 거래를 통하여 이미 포르노가 사회적으로 광범위하게 유통되고 있기 때문이다. 단지 포르노 극장의 설립은 보이지 않는 곳에서 은밀히 유통되던 포르노가 누구나 볼 수 있는 공식적인 공간에서 상영된다는 의미를 가질 뿐이다.

또한 전술한 바 있듯이 포르노의 독특한 특성은 일반 대중 영화와는 달리 다수가 아니라 홀로 익명으로 은밀하게 볼 때 효용이 극대화되는 특성을 갖는다. 달리 말해 포르노는 여러 사람이 함께 볼 경우 도덕의 문제로 타인을 의식하는 것과 같은 시청의 방해요소 때문에 원하는 만큼 즐거움을 얻을 수 없다는 의미이다. 그래서 서구의 경우에도 인산인해를 보일 만큼 수많은 대중들이 포르노 전용극장을 찾고 있는 것은 아니며 한국의 경우에도 3류 에로영화를 상영하는 영화관들이 만원사례는커녕 매우 한산할 수밖에 없는 것이다. 만약 포르노가 <타이타닉>이나 <쥬라기 공원>처럼 상업적인 대성공을 거두었다면 할리우드의 장르적 경향은 포르노로 귀결되었을 것이다. 하지만 그러한 일은 현실에서 발생하지 않았고, 앞으로도 발생하지 않을 것이다.

그리고 과거 규제기관의 허술한 관리에 근거한, 포르노 전용극장에 대한 청소년의 접근을 완벽하게 통제하기 어렵다는 논리는 포르노 전용극장의 문제라기보다는 규제기관이 청소년의 관람을 얼마나 잘 막을 수 있는가라는 '엄격한 관리'의 문제라고 할 수 있다. 즉 이 논리는 규제기관의 문제를 포르노 전용관의 설립 문제로 둔갑시킨, 다시 말해 문제의 초점을 흐리는 잘못된 논리라는 뜻이다. 만약 청소년 문제로 포르노의 유통을 금지시키겠다면 '청소년을 위하여 포르노를 볼 수 있는 성인의 권리를 포기하자'고 주장하는 것이 이치에 맞다.

등급외 전용극장이나 포르노 전용극장을 허용하는 일은

음란물 관련 형법 243조, 244조, 245조의 폐지와 직결되는
아주 중요한 문제이다. 그것은 누구나 인정하는 음란물의
극치인 포르노와 등급을 정할 수 없을 정도로 음란성이 강
한 표현물들을 공개적으로 사회에 유통시키겠다는 선언이
기 때문이다. 즉 등급외 전용극장과 포르노 전용극장이 사
회적으로 용인되면 그 순간 음란물을 제조하고 유통시키는
것을 처벌하는 법조항은 더 이상 존재 가치가 없어진다는
뜻이다. 음란물을 상영하는 사회적 공간을 법적으로 인정하
면서 음란물을 제조하고 유통시키는 일을 법적으로 처벌한
다면 이는 법적 체계의 논리적 모순이다. 따라서 등급외 전
용극장과 포르노 전용극장의 설립 문제는 단지 성인들이 포
르노와 등급외 영화들을 볼 수 있는 기회를 얻었다는 단순
한 의미에 국한된 것이 아니라 한 사회가 포르노를 하나의
표현으로 인정하며 표현의 자유를 극대화했다는 역사적, 사
회적 의미를 갖는 일이다. 그렇기 때문에 포르노 전용극장의
설립은 빠르면 빠를수록 사회적으로 바람직하다고 하겠다.

천국의 신화와 표현의 자유

2000년 7월 18일에 사법부는 1심에서 이현세의 『천국의
신화』 청소년판을 음란물로 판결하였다. 법원은 원시 여성

을 세련된 현대 여성처럼 표현한 점과 인간과 동물의 성행
위, 그리고 잔혹한 살인 장면 등을 묘사했다는 근거로 『천
국의 신화』 소년판을 상업적 목적의 음란물로 규정한 것이
다. 당시의 상황은 다음과 같은 신문에 잘 묘사되어 있다.

'상업적 목적의 음란물이다'. 법원이 18일 이현세 씨의 소
년용 『천국의 신화』에 대해 "미성년자들의 정상적 가치를 왜
곡시켜 잘못된 성관념과 성행동에 빠지도록 할 염려"를 이유
로 유죄를 선고함으로써 표현의 자유라는 해묵은 논란이 다
시 떠오르고 있다. 재판부가 문제삼은 작품 내용은, 남자들을
원시인 모습으로 표현하면서 여자들은 대부분 현대적 미인의
세련된 누드로 표현한 점, 곰, 구렁이, 늑대 등과의 정사 등
비이성적, 비인간적인 장면, 그리고 죽이는 장면의 잔혹성 등
이다. 재판부는 "표현과 창작의 자유, 일본만화 개방을 앞둔
우리 만화시장의 입지 등을 고려하는 한편, 일본만화를 보는
일반인들의 반응도 접하면서 많은 고민을 했다"고 밝혔다. 그
러나 "'과연 이 만화를 자녀들에게 보여줄 수 있을까'를 고민
했을 때 '그렇지 않다'는 결론밖에 내릴 수 없었다"고 설명했
다. 성인이 아닌 미성년자를 겨냥한 작품에는 엄격한 잣대를
들이대야 한다는 취지다.
　그러나 이번 판결은 최근 영화 <거짓말>의 위법성에 대
해 검찰이 무혐의 결정을 내린 것과 비교돼 논란을 불러일으
킬 것으로 보인다. 재판부가 '보통사람의 눈'으로 작품을 평가
해야 한다고 했지만 '보통사람의 기준이 무엇이냐'는 의문에
서부터 '전체주의적 발상'이라는 평가까지 나오고 있다(≪한
겨레≫ 2000.07.19).

2000년을 전후로 하여 다소의 진통이 없었던 바가 아니지만 '서갑숙 사건'과 '거짓말 사건'을 성숙한 자세로 해소했던 한국 사회는 『천국의 신화』로 표현의 자유라는 화두를 다시 한번 제기할 수밖에 없었다. 단 문제의 초점은 음란물 일반의 표현 기준이 아니라 청소년이 볼 수 있는 성적 표현의 기준이 어느 정도이냐에 있었다. 왜냐하면 청소년판보다 더 음란하다고 할 수 있는 성인용 『천국의 신화』가 음란물로 규정받지 않은 반면에 청소년용만이 문제가 되었기 때문이다.

그러므로 『천국의 신화』가 제기한 문제의식은 '과연 청소년이 볼 수 있는 음란성의 정도를 어디까지 허용할 수 있느냐'라는 데 놓여 있다. 재판부가 인간과 동물의 성행위나 잔인한 살인 장면을 청소년이 보면 안된다고 판단한 반면에 이현세와 문화계 그리고 청소년판 『천국의 신화』에게 납본필 판정을 내린 간행물 윤리위원회는 청소년이 봐도 무방하다고 생각하고 있다. 같은 어른들이지만 청소년에게 허용할 수 있는 음란성의 정도를 제각기 평가하고 있고, 이러한 점을 고려할 때 법원이 '보통인의 성관념'을 근거로 사법적 판단을 한 일은 다소 신중하지 못한 것이 아닌가라고 여겨진다.

한 가지 분명히 할 점은 청소년판 『천국의 신화』가 야기한 문제는 결코 표현의 자유와 관련된 사회적 이슈가 아니라는 사실이다. 이미 음란성이 더 강한 어른용『천국의 신화』가 음란물로 규정받지 않았는 데도 청소년판이 음란물로 규정받는다면 이는 한마디로 넌센스, 또는 어불성설(語不成說)이라고 해야 할 것이다.

청소년판『천국의 신화』사건은 본질적으로 선정성에 따라 등급을 매기는 등급 문제에 다름아니다. 청소년에게 보여줄 수 있는 정도의 음란성인가를 판별하는 문제이지, 음란물이냐 아니냐를 판별하는 문제가 아니라는 뜻이다. 그럴 경우 법원의 판단이란 청소년판『천국의 신화』가 청소년에게 볼 수 있는 등급에 속할 수 없다는 점을 명백히 한 것일 뿐이다. 아울러 '청소년판『천국의 신화』를 상업적 목적을 띤 음란물'이라고 규정한 판결은 담당 판사가 문제의 본질을 완전히 착각하며 발생한 인식상의 오류에 불과하다고 하겠다.

그리고『천국의 신화』사건이 본질적으로 등급의 문제라면 이 사건은 이미 결론이 나 있다고 할 수 있다. 등급을 전문적으로 매기는 간행물 윤리위원회가 청소년판『천국의 신화』에게 납본필 판정을 내렸기 때문이다. 그러할 때 법원이 항의해야 할 대상은 이현세가 아니라 간행물 윤리위원회이다. 법원이 판단했을 때 청소년이 볼 등급이 아닌데 간행물 윤리위원회가 청소년이 볼 만한 만화라고 결정한 것이기 때문이다.

　그러나 2001년 6월 14일 법원은 2심에서 '『천국의 신화』 소년판의 음란성이 인정되지 않는다'며 1심 판결을 뒤집고, 이현세에게 무죄를 선고했다(≪한겨레≫ 2001.06.15). 뒤늦게나마 법원이 이러한 합리적인 판결을 내린 데 대해 매우 다행스럽다는 느낌을 지울 수 없다. 특히 재판부는 '독자 또한 만화 표현을 있는 그대로 받아들이지는 않는다'는 논리로 무죄를 선고했는데 앞으로 이 논리가 다른 성 표현물에도 적용되기를 기대해본다.

참고문헌

강현두. 1987, 『대중문화론』, 나남.

유재천, 이민웅. 1994, 『정부와 언론』, 나남.

Altschull, J. H. 1984, *Agent of Power: the Role of the News Media in Human Affairs*, 강상현 외 역, 1991, 『지배권력과 제도언론』, 나남.

Borman, J. 1997, "Deliberative Democracy and Effective Social Freedom: Capability, Resources, and Opportunities," in Bohman, J. & Rehg, W.(Eds), *Deliberative Democracy*, Cambridge, Massa: The MIT Press.

Cohen, J. 1998, "Democracy and Liberty," in Elster, J. (eds), *Deliberative Democracy*, London: Cambridge Univ. Press.

Goodwin, H. E. 1995, *Groping for Ethics in Journalism*, 우병동 역, 1995, 『언론윤리의 모색』, 한나래.

Gerbner, G. and L. Gross. 1976, "Living with Television: The Violence Profile," *Journal of Communication*, Vol. 26(2), Annenberg School Press.

Habermas, J. 1979, "The Public Sphere," in Mattelatt, A. & Siegelaub, S. *Communication and Class Struggle*, New York: IG/IMMRC.

Kean, J. 1991, *The Media and Democracy*, 주동황 외 역, 1995, 『언론과 민주주의』, 나남.

Nerone, J. C. (ed.), 1991, *Last Rights: Revisiting Four Theories of the Press*, 차재영 역, 1999, 『최후의 권리』, 한울.

Margaret Blanchard. 1998, "Reclaiming Freedom of the Press: A Hutchins Commission Dream or Nightmare?" *Communication Law and Policy*, Vol.3, Lawrence Erlbaum Associates, Inc.

McIntyre, J. S. 1987, "Repositioning a Landmark: The Hutchins Commission and Freedom of the Press," *Critical Studies in Mass Communication*, Vol.4, NCA.

Severin, W. J. and T. W. Tankard, Jr. 1988, *Communication Theories; Origins, Methods, Uses*, New York: Longman, 장형익 외 역, 1991, 『커뮤니케이션 이론』, 나남.

Sibert, F., T. Peterson and W. Shuramm. 1956, *Four Theories of the Press*, 강대인 역, 1991, 『언론의 4이론』, 나남.

Tan, A. S. 1985, *Mass Communication Theories and Research*, New York: John Wiley & Sons, 김규 역, 1989, 『매스커뮤니케이션 이론과 연구』, 나남.

The Commission on Freedom of the Press. 1947, *A Free and Responsible Press: A General Report on Mass Communication*, 이규종 외 역, 1969, 『매스컴의 자유와 책임』, 보문각.

Williams, R. 1966, *Communications*, London: Chatto and Windus.

지은이 소개

김호석(金鎬碩)은 서강대 학부 전자계산학과 및 대학원 신문방송학과를 졸업하였다(언론학 박사).

그는 주로 매스커뮤니케이션 이론과 문화 및 방송에 관심을 갖고 있으며, 앞으로 전공과 관련된 연구뿐만 아니라 보다 넓은 의미에서 사회과학의 이론적 논의나 정치사회적인 문제들을 규명하는 데에도 깊은 관심을 갖고 있다. 지금까지 「레이몬드 윌리암즈: 문화, 맑스주의의 위기와 탈출구」(1993), 「이근삼의 비극정신 연구」(1993), 「한국 케이블TV 산업의 재구조화에 관한 연구」(1998), 「텔레비전 오락 프로그램의 공익성에 관한 연구」(1999), 「공영방송의 이념과 정체성에 관한 연구」(2000), 「엔터테인먼트 산업의 변화와 방송산업」(2001) 등의 논문과 『스타시스템』(1998) 등의 저작을 발표하였다.

한울열린문고 1

누가 표현의 자유를 억압하는가

ⓒ 김호석, 2002

지은이 | 김호석
펴낸이 | 김종수
펴낸곳 | 도서출판 한울

편집책임 | 장우봉
편집 | 한정희

초판 1쇄 인쇄 | 2002년 12월 5일
초판 1쇄 발행 | 2002년 12월 15일

주소 | 120-180 서울시 마포구 공덕1동 105-90 서울빌딩 3층
전화 | 영업 326-0095(대표) 편집 336-6183(대표)
팩스 | 333-7543
전자우편 | newhanul@nuri.net
등록 | 1980년 3월 13일, 제14-19호

Printed in Korea.

ISBN 89-460-3048-8 04330
ISBN 89-460-3047-X (세트)

* 책값은 겉표지에 표시되어 있습니다.